★成功经理人365天管理笔记系列（制造业经理人）

人力资源经理365天管理笔记

滕宝红◎编著

廣東省出版集團
广东经济出版社

图书在版编目（CIP）数据

人力资源经理365天管理笔记／滕宝红编著．—广州：广东经济出版社，2012.1

（成功经理人365天管理笔记系列．制造业经理人）

ISBN 978－7－5454－1124－9

Ⅰ.①人… Ⅱ.①滕… Ⅲ.①企业管理：人力资源管理 Ⅳ.①F272.92

中国版本图书馆CIP数据核字（2011）第276241号

出版发行	广东经济出版社（广州市环市东路水荫路11号11～12楼）
经销	全国新华书店
印刷	广东省农垦总局印刷厂（广州市天河区棠东横岭三路11～13号）
开本	730毫米×1020毫米 1/16
印张	12
字数	207 000字
版次	2012年1月第1版
印次	2012年1月第1次
印数	1～5 000册
书号	ISBN 978－7－5454－1124－9
定价	25.00元

如发现印装质量问题，影响阅读，请与承印厂联系调换。

发行部地址：广州市环市东路水荫路11号11楼

电话：（020）38306055 38306107 邮政编码：510075

邮购地址：广州市环市东路水荫路11号11楼

邮购电话：（020）37601950 邮政编码：510075

营销网址：http：//www.gebook.com

广东经济出版社常年法律顾问：何剑桥律师

前言

作为企业中坚力量的部门经理，在企业中起到承上启下的作用，他们的职业素质、管理能力和领导能力决定了企业发展的速度，决定了企业能否培养出一支优秀的员工队伍，决定了能否有效达成企业经营目标和提高业绩。

部门经理是企业的执行者，由于各种原因，在管理工作中出现许多问题：要么出现缺乏规划，没有重点，看起来每天都很忙，但不知在忙什么，忙得没有效果；要么执行力严重缺乏，领导的意图总是贯彻不到位或未及时落实；又或不懂得设定目标，没有掌握达成目标的科学方法等。出现这些问题的根本原因是，不会在年初做规划，不会在季初、月初、周初做计划，不会合理地安排下属的工作，不会合理地运用自己每天的时间，不会有效地跟进部门各项工作，不会在月末、季末、年末的时候做总结报告。当然，还有一些新上任的部门经理甚至不知道自己该在什么时候做计划、该在什么时候跟进工作、该在什么时候写总结，而只是被动地听从上级安排，这自然不是一个优秀的部门经理的表现。

针对部门经理的困境，我们设计了“成功经理人365天管理笔记”系列丛书，旨在引导部门经理们每日、每周、每月、每季、每年（年末）应当做的事情及做这些事情的方法、技巧及应用的表单、工具。

“成功经理人365天管理笔记”系列丛书目前主要涵盖12个管理岗位，包括生产经理、品质经理、采购经理、行政经理、人力资源经理、仓库主管、物控经理、财务经理、销售经理、客服经理、安全主任和班组长。

“成功经理人 365 天管理笔记”系列丛书编排新颖，思路清晰，是企业经理人不可多得的管理用书。该系列丛书打破传统书籍的理论讲述，不讲为何做，而讲怎样做，注重实操性。书中提供工作总结、工作计划范例以及可以直接运用的表单。

为了方便读者做笔记，本书在一些重要的、需要读者与工作相结合进行思考的地方，设计了一些空白的记录表。请不要将这些表格忽略，要认真投入思考并记录下来，这绝对会有助于各方面能力的提升。

作为一本部门经理的学习管理笔记，通过每天有计划的时间安排，记录工作中的琐事，通过找方法，一步一步解决问题，再把自己想做的事情、计划做的事情、没有解决的问题记录下来，去寻找解决的办法，定期检视，使自己成为一名成功的经理人。

“成功经理人365天管理笔记”系列丛书适用于工厂一线管理人员，企业部门经理、主管、班组长，新入职的大中专学生，管理培训机构，职业管理院校的学生等阅读，也可作为管理人员的手边工具书使用。

当然，本系列丛书也有不足之处，希望广大读者对我们提出宝贵意见。在此，我们所有编者对您的关注予以真诚的感谢！

目　录

导　读　365天管理阶段工作

第一章　一日工作安排与落实

忙！忙！忙！

忙些啥？

忙着进行人力资源规划、忙着组织招聘、忙着组织新员工培训、忙着处理员工关系、忙着实行人员绩效考核、忙着组织员工业余活动……

作为人力资源经理的你，是不是处于以上所述盲目的忙碌状态呢？

第二章　一周工作安排与落实

新的一周又开始了，该怎样来做好你一周的工作呢？仔细想想，本周有哪些主要工作：有好几个部门都递交了增加人员申请，必须尽快审核后招聘新员工；有一批员工试用期到了，需要办理转正手续；对了，好像总经理交代要请专家对公司中层领导进行培训……

惨啦！事情这么多，怎样才能理清呢？看看，哪些必须在第一时间内完成，哪些可以稍微往后延……

如果你每周正处于这种忙碌"晕"状态，那就要做好一周工作安排与落实。通过本章学习，相信你一定可以远离这种状态，从而让工作更加有条理，更加轻松愉快！

第三章 一月工作安排与落实

人力资源部工作事项多且杂，需要与各个部门沟通协调，如果没有按时做好工作，将会影响其他部门正常运转。

财务部又来催了，要这个月的绩效考核来核算工资，结果发现销售部竟然还没有上交。怎么办?

每个月的工作有常规的，也有突发的，人力资源经理要做到让自己忙而不乱，井井有条，必须做好工作安排。

第四章 季度工作安排与落实

对于季度工作的安排，属于宏观性的，要对一个季度的重点事项做到心中有数。才能按照季度安排做好每月、每周甚至每一天的工作。

作为人力资源经理，每一季度重点工作都需要有所侧重。但是总的来说每一季度的工作中又有重复的事情。要想让自己更加从容应对，你可以将自己每一季度工作都做好安排。

第五章　年度工作安排与落实

年终又到了，组织召开年度职工大会，各个部门及人员的年度绩效考核……

这个时候可以说是人力资源经理忙得团团转的时候。

其实，你也可以不用让自己显得如此忙碌，怎么办？

提前将年终各项工作做好安排，就可以让每件事情按照计划进行。当然，预留一定的时间来应对突发时间，可以让你更好地完成年终各项工作。

导读

365天管理阶段工作

一、一年365天时间分配

一年365天，时间是有限的，要怎样才能进行合理分配？作为人力资源经理，这是必须考虑的问题。

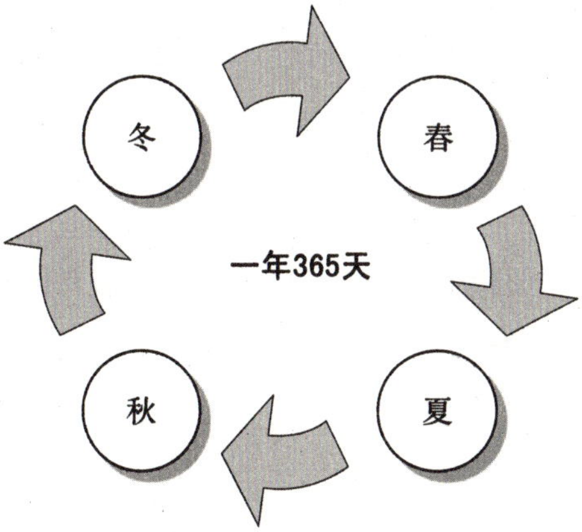

图1　一年365天循环图

二、国家法定节假日

人力资源经理要对时间进行合理分配，明确一年中的国家法定节假日。因此，可以将一年国家法定节假日分列出来。一年常规的国家法定节假日如表1所示。

表1　国家法定节假日

序号	假日名称	放假天数	日期
1	元旦	1天	1月1日
2	春节	3天	农历除夕，正月初一、初二

续表

序号	假日名称	放假天数	日期
3	清明节	1天	4月5日
4	劳动节	1天	5月1日
5	端午节	1天	农历端午当日
6	中秋节	1天	农历中秋当日
7	国庆节	3天	10月1～3日

三、工作时间

工作时间，又称法定工作时间，是指员工为履行工作义务，在法定限度内，在用人单位从事工作或者生产的时间。

（一）工作时间计算

年工作日：365天－104天(休息日)－11天(法定节假日)=250（天）

季工作日：250天÷4季=62.5（天）

月工作日：250天÷12月=20.83（天）

（二）有效工作时间

有效工作时间就是称职员工完成一件工作的必须时间。如果上班时间为8小时，通常情况下，大多数员工有效工作时间是达不到8小时的。必须扣除等待、无意义的闲聊、串岗或处理个人私事的时间。

四、阶段工作法

人力资源经理可以采用阶段工作法，对工作进行安排。那什么是阶段工作法呢？这里所说的阶段指的就是一日、一周、一月、一季度、年度各个不同阶段。

人力资源经理将每天、每周、每月、每季度进行安排，做好时间安排，工作事项，对工作进行分阶段总结。

表2 人力资源经理阶段工作安排

序号	阶段	工作事项	备注
1	一日	(1) 制订当日工作计划 (2) 形象自检 (3) 分配工作任务 (4) 听取员工工作汇报 (5) 向上司汇报工作 (6) 跟踪员工工作进度 (7) 与员工沟通 (8) 整理文件	
2	一周	(1) 制订一周工作计划 (2) 主持与参加会议 (3) 员工招聘事务处理 (4) 新员工报到事务 (5) 做好员工试用管理 (6) 怎样处理员工离职 (7) 组织内部培训 (8) 员工关系维护	
3	一月	(1) 制订一月工作计划 (2) 月度绩效考核统计与分析 (3) 员工离职统计与分析 (4) 了解员工动态 (5) 优秀员工评选并嘉奖 (6) 员工晋升 (7) 企业文化及政策宣传与培训 (8) 制作人力资源月报 (9) 员工生日会	
4	季度	(1) 制订季度工作计划 (2) 审核工作说明书 (3) 季度绩效考评 (4) 接受内部审计 (5) 员工满意度调查 (6) 处理劳动合同相关事务 (7) 社保办理情况	

续表

序号	阶段	工作事项	备注
5	年度	（1）年终绩效考核 （2）年度工作总结与下一年计划 （3）下一年度招聘计划 （4）下一年度培训计划 （5）人力资源规划 （6）帮助员工进行职业规划 （7）优秀员工评选并嘉奖	

第一章

一日工作安排与落实

引言

忙！忙！忙！

忙些啥？

忙着进行人力资源规划、忙着组织招聘、忙着组织新员工培训、忙着处理员工关系、忙着实行人员绩效考核、忙着组织员工业余活动……

作为人力资源经理的你，是不是处于以上所述盲目的忙碌状态呢？

每天工作时间是有限的，但是由于没有做好各项工作安排与落实，让自己感到十分忙乱。我们来看一个案例，看看你是否同王经理一样，每天忙忙碌碌却没有成效。如果没有，那就恭喜你，将自己的工作安排得很好。如果有，那就需要好好反思，应该怎样合理规划自己一天的工作。

小王是某公司人力资源经理，为人勤奋、关心下属、服从上司、事事都亲自过问，但是每当下班时却感到自己一天无所事事，没有时间与家人相处，没有时间与朋友聚会，没有时间读书，业余时间当然也没有了。总之，每天都忙得不是地方。王经理一天的工作记录如下表所示。

表1-1　一天工作记录表

序号	时间	具体事项	备注
1	8：30	总经理打电话让王经理去谈话，刚谈一会儿关于公司人力资源规划问题，中间总经理接听电话，客人来访等使谈话一直延续到了10：00	
2	10：00	准备布置下属工作，有电话打来询问有关薪资调整问题，给予解释到10：20	
3	10：20	找来招聘主管布置工作，中间不断有下属进来请示工作，布置工作一直延续到11：00	
4	11：00	批示、处理秘书上报来的文件，阅读文件、各种报告、建议书等，到12：00时，还有一部分没有过目	

续表

序号	时间	具体事项	备注
5	12：00	匆匆吃过午饭，看了会儿报纸，与同事聊天，突然想起总经理交代的关于人力资源规划报告还没有完成，明天就要上交，于是马上回到办公室	
6	14：00	与财务经理约好讨论招聘会计人员事宜，由于对招聘主管工作不放心，亲力亲为，自己确定招聘计划、招聘人员资格的具体要求等，花了2小时，就到16：00	
7	16：00	刚准备写人力资源规划报告，一个下属进来请示和审批，同时聊了一会儿个人私事和公司最近传闻	
8	16：30	召集下属开会，因为有人反映部门内部不团结影响到日常工作，就此事向下属强调。可是没有达到预期目的，还拖延时间，持续到17：30	
9	17：30	到了下班时间，没有时间完成报告，将没有写完的报告和需要处理文件带回家中，又得加班到晚上12：00了	

其实，仔细研究王经理一天的工作记录，可以发现不用这么忙，最后弄到还要晚上回家加班。以下事项，是完全可以不用亲自处理，或者说是可以延时处理，可以快速处理的。

事项一：下属不断请示和汇报，浪费时间，可以请秘书进行汇总，进行统一处理。

事项二：对公司员工解释薪资调整问题，完全可以由薪酬主管负责。

事项三：招聘事宜具体安排，可以由招聘主管负责。

事项四：会议缺乏安排，没有达到目的，浪费时间。

仅仅以上四项，加起来的时间足足有4小时，如果进行了合理安排，那还需要晚上回家加班吗？

因此，作为人力资源经理，一定要做好每天时间安排、把握工作重点、运用管理方法、总结管理心得，从而更加有效地利用每一分钟。

一、制订当日工作计划

人力资源经理在制订当日工作计划前，要对当日时间和工作事项进行分析，根据工作事项的紧急性、重要性按先后顺序排列，保证优先完成重要紧急事项。

（一）时间清单分析

人力资源经理将一天的法定工作时间，按照每30分钟为一段，进行分段，然后逐项填写实际活动事项。在活动事项后，填入该活动事项相应的计划用时、实际用时、超时及超时原因。

工作提示

如果有跨时段工作，只需要填入开始时段就可以。因为通过实际用时栏，可以清楚地了解跨时段工作的时间。

表1-2　时间清单分析表

姓名：　　　　　　　　　　　　　　　　　　　　　　日期：

序号	时间	活动事项	计划用时	实际用时	超时	原因
1	8:30～9:00					
2	9:00～9:30					
3	9:30～10:00					
4	10:00～10:30					
5	10:30～11:00					
6	11:00～11:30					
7	11:30～12:00					
8	12:00～12:30					
9	12:30～13:00					

续表

序号	时间	活动事项	计划用时	实际用时	超时	原因
10	13:00～13:30					
11	13:30～14:00					
12	14:00～14:30					
13	14:30～15:00					
14	15:00～15:30					
15	15:30～16:00					
16	16:00～16:30					
17	16:30～17:00					
18	17:00～17:30					
19	17:30～18:00					
	总计					

（二）工作事项分析

1.工作清单分析

人力资源经理分析一个法定工作日内所做的工作事项，各自用时如何。可以采用工作清单分析。

(1) 将所有工作填入工作事项栏。包括累计用时超过10分钟的工作，如果没有超过10分钟可以不填入。比如给客户打电话，可能在上午打了两个电话，用时5分钟，下午打了两个电话，用时6分钟，可以将此累计在给客户打电话这一事项中。

(2) 填入具体事项，如“参加员工入职大会”、“与招聘主管讨论下半年招聘计划”，等等。

(3) 原因只要简单说明浪费、延误的原因即可。如向上司汇报工作，预计20分钟，但由于没有确认本次汇报用时，结果花了30分钟，超时10分钟。

表1-3 工作清单分析表

姓名：　　　　　　　　　　　　　　　　　　　　　　　　　　日期：

工作事项	计划时间	实际时间	浪费/延误	无计划用时	原因

2.工作（活动）分项分析

（1）人力资源经理可以将工作清单中的事项合并同类项，然后填入工作活动分项分析表中。

（2）“无计划用时”只计算无计划用时总计数。各项工作活动的无计划用时，是指该项工作活动实现没有计划时间。

（3）凡是超计划用时或者是记不起来的用时均计入“浪费＼延误”中。

表1-4 工作（活动）分项分析表

姓名：　　　　　　　　　　　　　　　　　　　日期：

分析/事项	计划用时		实际用时		浪费\延误		无计划用时		原因
	用时	排序	用时	排序	用时	排序	用时	排序	
参加新入职员工大会									
对各部门进行巡视									
向猎头公司打电话询问招聘人员情况									
查看同行业薪资情况									
设计绩效考评方案									

续表

事项＼分析	计划用时		实际用时		浪费＼延误		无计划用时		原因
	用时	排序	用时	排序	用时	排序	用时	排序	
处理员工投诉									
接待新入职员工									
……									
总计									

3.工作紧急性分析

人力资源经理分析出每天工作紧急程度，根据紧急程度安排工作先后顺序。可以将工作事项紧急性分为四类，将当日工作进行安排，列出一个分析表，如表1–5所示。

表1-5　工作紧急性分析表

姓名：　　　　　　　　　　　　　　　　　　日期：

工作事项＼紧急性	非常紧急（马上要做）	紧急（短时间内要做）	不很紧急（可从长计议）	不紧急（无时间要求）
安排新入职员工到各岗位	√			
向月度优秀员工发放奖品		√		
新入职员工培训考核			√	
设计年中绩效考评方案				√
……				

注：在相应的栏目下打“√”。

4.工作重要性分析

人力资源经理将当日工作事项根据重要程度，安排工作用时。同紧急性一样，将工作事项分为四类，即非常重要、重要、不很重要、不重要，如表1–6所示。

表1-6 工作重要性分析表

姓名： 日期：

重要性 工作事项	非常重要 （绝对要做）	重要 （应该做）	不很重要 （可做可不做）	不重要 （可不做）
面试招聘主管	✓			
组织新入职员工岗前培训		✓		
了解各部门人员需求情况			✓	
……				

工作提示

人力资源经理对于工作时间和工作事项的分析，同样可以灵活运用于每周、每月、每季度工作中。

（三）制订每日计划表

人力资源经理根据前面对工作时间和事项分析之后，就可以制作一份个人每日工作计划表。每日计划表可以按照不同标准来制作，如按照时间，工作事项紧急重要性等。

1.工作时间

以下是某公司人力资源经理的每日计划表，仅供参考。

表1-7 每日工作计划表

时间		预定工作内容	执行结果
上午	8:45～9:00	参加部门早会，分享信息及相关政策制度的宣传	
	9:00～10:00	听取招聘主管的新员工招聘情况	
	10:00～11:00	与销售经理沟通新员工培训情况	
	11:00～12:00	审批各种文件	

续表

时间		预定工作内容	执行结果
午休			
下午	13:00～14:00	建立人才库的人才收集程序，与重要及有潜力的应聘者保持联系以备将来需要	
	14:00～15:00	向上司汇报新员工入职情况	
	15:00～16:00	了解同行业及人才市场的动态，收集信息	
	16:00～17:00	与新员工进行沟通，了解其需求	
	17:00～18:00	整理当日各项工作完成情况	
加班			

工作提示

每日工作计划要在每天固定时间制作，最好是前一天下班之前就做。在第二天工作时，完成一项工作画掉一项，同时注意要为应付紧急情况留出时间。

现在，你可以制作一份自己的每日工作计划表，对自己一天事项进行合理安排。

表1-8　我的每日工作计划表

时间		预定工作内容	执行结果
上午	8:45～9:00		
	9:00～10:00		
	10:00～11:00		
	11:00～12:00		
午休			

续表

时间		预定工作内容	执行结果
下午	13:00～14:00		
	14:00～15:00		
	15:00～16:00		
	16:00～17:00		
	17:00～18:00		
加班			

2.工作事项紧急重要性

人力资源经理可以根据工作事项紧急重要性，对当日工作事项进行排序，如表1-9所示。

表1-9　我的每日工作计划表

姓名：　　　　　　　　　　　　　　　　　　　　　　日期：

类别 / 工作事项	重要且紧急	紧急不重要	重要不紧急	不紧急不重要

二、形象自检

人力资源经理每天出门之前，在镜子前照照，看看形象是否“过关”。良好的个人形象，不仅是代表个人，还代表了公司形象。因此，要做好形象自检工作。

（一）整体形象

个人整体形象示例对比，具体如图1-1所示。

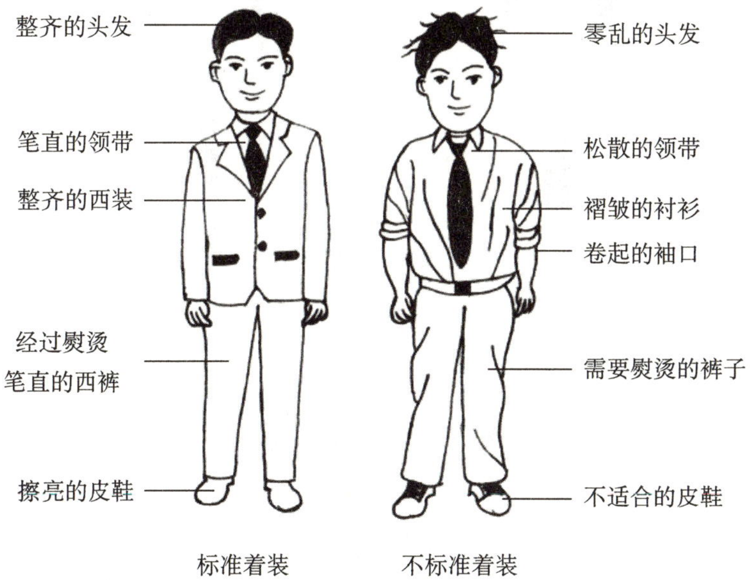

图1-1　整体形象

（二）具体细节

形象往往体现于细节之中，因此要做好各种细节工作。下面列举一些细节事项，请参照对比。

1.头发

不准染发、烫发，头发不要过耳或盖住面部，不要长过领子。清爽、干净的发型更有朝气

图1-2　头发

2.胡须

图1-3 胡须

3.牙齿

图1-4 牙齿

4.鼻子

图1-5 鼻子

5.鞋

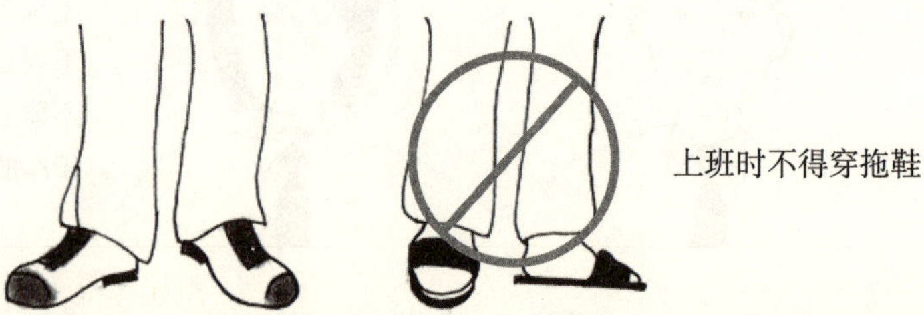

图1-6 鞋

（三）形象自检表

人力资源经理可以用形象自检表，来检查自己的形象是否符合要求。

1.男士形象自检表

男士形象自检，具体如表1-10所示。

表1-10 男士形象自检表

序号	项目	检查重点	备注
1	头发	（1）常洗常剪吗？有无头屑 （2）额前头发遮盖眼睛吗？长短合适吗？要 15 天修理一次头发	
2	面部	（1）脸上有清洁、健康之感吗？会不会干涩或油光光的 （2）认真刷牙吗 （3）常刮胡须吗	
3	衣服	（1）适合工作环境吗 （2）着装端正，肩上有头屑吗 （3）穿新衣服时，精心整理吗	
4	衬衫	（1）是否干净？平整挺括，无污垢、斑点吗 （2）是否平展？纽扣齐全吗 （3）领带干净平整吗	
5	裤子	（1）无污垢、斑点、平整挺括吗 （2）裤子的拉链、纽扣结实吗 （3）皮带结实吗	
6	衣袋	（1）衣袋内放有纸巾吗 （2）袋内有无棉尘、脏物	
7	手	（1）指甲认真修剪了吗？手及指甲粗糙吗 （2）手指甲干净吗	
8	袜	（1）脚上的袜子干净吗？每天换洗吗 （2）袜子与衣服的颜色、款式协调、适合吗	
9	鞋	（1）鞋上油擦亮了吗？鞋后跟磨损变形了吗 （2）鞋与衣服的颜色、款式协调、适合吗	
10	其他	（1）面带微笑吗 （2）情绪饱满吗	

2.女士形象自检表

女士形象自检，具体如表1-11所示。

表1-11　女士形象自检表

序号	项目	检查重点	备注
1	头发	(1) 常洗常剪吗？头上饰物会哗众取宠吗 (2) 额前头发遮盖眼睛吗？长短合适吗？发型有无妨碍工作	
2	化妆	(1) 脸上有清洁、健康之感吗？保养面部皮肤了吗 (2) 口红、眼影浓淡适合吗？口红颜色相宜吗？(避免使用偏白荧光型口红)	
3	衣服	(1) 适合工作环境吗 (2) 常洗熨吗？肩上有头屑吗	
4	衬衫	(1) 是否干净？平整挺括，无污垢、斑点吗 (2) 是否平展？纽扣齐全吗 (3) 领巾干净平整吗	
5	裙子	(1) 无污物吗、平整挺括吗 (2) 未绽线散开吗	
6	装饰品	(1) 不累赘、引人注目吗 (2) 用造型奇特或孩子气手表吗	
7	手	(1) 指甲认真修剪了吗 (2) 手指甲太长吗？指甲油过浓或出现脱落吗	
8	长筒袜	(1) 颜色是否适当 (2) 是否绽线	
9	鞋	(1) 上油擦亮了吗？鞋后跟磨损变形了吗 (2) 鞋与衣服的颜色、款式协调、适合吗	
10	其他	(1) 面带微笑吗 (2) 情绪饱满吗	

工作提示

当然，人力资源经理可以个人形象自检表为标准，对员工着装进行检查。因为无论是管理者还是员工，其个人形象都代表着整个公司的形象。

三、分配工作任务

（一）发布指令

发布指令是人力资源经理的日常工作之一，是进行有效管理的一个重要技巧。许多工作都是通过向员工发布指令来完成的。如果不会灵活运用发布指令，要么是无所作为，要么就是事必躬亲，完全违背了人力资源经理职责。

在一些团队或组织里，有的员工很忙，有的员工很闲，工作任务分配不均衡，职责权限不匹配的现象很严重，造成了员工之间能力发展得不均衡，为以后合理配置人力资源造成麻烦。

1.常见问题

人力资源经理发布指令中遇到的常见问题，具体如表1-12所示。

表1-12　发布指令常见问题

序号	常见问题	具体内容	备注
1	没有找对人	（1）不管事情性质、内容，更不管到底应由哪些部门或人员负责，全部让自己可以放心的人负责 （2）忙碌的经理，不管事情应该谁负责，更不管能不能做得了，抓来就用	
2	没有说对事	（1）没有听明白或者没有看明白所要办理事情的内容之前就匆匆找到员工简单交代两句，然后再匆匆从员工眼前消失 （2）经理自己都没有弄明白自己对员工的要求，员工当然更不明白	导致员工办事效率下降，影响心情，对经理信心也会下降

（续表）

序号	常见问题	具体内容	备注
3	没有说清楚	（1）言简意赅，不愿意多说一个字 （2）员工不知道该找谁，该怎么办，该在什么时候办完，办到什么程度才算满意 （3）由于经理的权威，员工尽管没有听清楚，也不敢去问，没有办法的情况下只能拖延	不仅事情没有办好，还逐渐养成员工拖拉作风

2.如何发布指令

人力资源经理应该如何发布指令呢？可以采用以下方法，具体如图1-7所示。

方法一	让工作节奏慢下来	工作节奏别太快，先慢下来，想清楚再做，更好地保证工作效率
方法二	明确指令要求	当想要做一件事情或者接到一个任务需要交代下属办理时，首先要想清楚自己想要做的事情，要求是什么，什么时间完成
方法三	明确办事的员工	根据员工岗位职责，结合所需办理事情，确定需要接受指令的员工
方法四	传达指令	将所要办理的事情明确清晰地传达给当职员工，告诉员工是什么事情，需要办到什么程度，截至日期，让员工清楚每一个环节
方法五	做好控制	指令发出之后，根据自己指令确定任务的验收时间，做好员工工作的控制，在截至时间结束之前与员工确认任务的完成情况

图1-7　发布指令的方法

（二）布置工作

人力资源经理往往会碰到这样的情况：安排给员工一项工作任务，本以为他有能力独立做好这件事情，谁知最后员工还需要依靠自己的帮助才能完成工作，而且完成的结果也不如所期望的。

因此，人力资源经理在布置工作时，做好五个关键点，可以让员工很好地接受任务，具体如表1-13所示。

表1-13　布置工作关键点

序号	关键点	具体内容	备注
1	结果	在和员工讨论期望结果时，不要只使用抽象字眼，还要用看得见、听得见、摸得着的东西来描述，以便让员工真正理解	
2	尺度	告诉员工完成任务应该遵循的基本准则或指导方针，并提醒注意按照执行	
3	影响	说明员工个人行为将会对实现整体任务作出什么样的贡献，完成或者没有完成任务的影响或后果是什么	
4	资源	了解员工有多少可用资源，包括物质资源、财务资源、人力资源和时间资源	
5	负责	与员工讨论将在什么时间、什么地点，以及以怎样的方式来向汇报工作进展	

工作提示

当员工明确五大关键点后，人力资源经理要让员工独立完成任务。不要经常在背后监视，不但有损信任，还会打击员工自信心。

（三）任务分配表

人力资源经理可以将各项具体工作理清，然后列出一个任务分配表，进行工作分配，如表1-14所示。

表1-14　任务分配表

序号	事项	完成时间	汇报时间	负责人

四、听取下属工作汇报

作为人力资源经理，听取下属工作汇报是每日工作事项。汇报有时是以会议形式，有时也是以一对一方式进行的。

人力资源经理在听取下属汇报时，掌握好以下七个要点，就可以很好达到预期汇报效果，具体如表1-15所示。

表1-15　听取汇报要点

序号	要点事项	具体内容	示例
1	充分运用倾听技巧	倾听可以使下属感到自己以及自己工作受到上司重视，同时便于从下属工作汇报中发现问题	如在下属汇报时可以一边听一边做记录
2	约时间	让下属做好充分准备，在约定时间内报告工作进展、遇到问题等	小李，下午4：00你来谈谈下个月招聘计划
3	当场评价	对于下属做得好的地方予以肯定，发现问题要及时予以纠正	小李，这次你负责的培训工作做得很好
4	及时指出问题	发现问题要及时向下属提示，便于改进	你与新员工沟通方式有些问题，可以换换其他方式
5	适时关注下属工作过程	如果对情况了解，下属就不好提出客观原因	

续表

序号	要点事项	具体内容	示例
6	采取主动	不能只让下属一个人说，要适时打断下属的话，转换话题，或者是请下属写一份相关内容报告	小李，这些工作做得不错。现在，我想知道……
7	恰当给予评价	评价一定要恰当，过高评价下属并不完全可取	小李，你的工作做得很好，希望你能够再接再厉

五、向上司汇报工作

（一）汇报要点

人力资源经理在向上司汇报工作时，要注意要点，如表1-16所示。

表1-16　汇报要点

序号	要点	说明	备注
1	精简	不要带着邀功的心态，极力强调你的工作的难处。此外，要把汇报做得简明扼要	
2	针对性	汇报的内容要与原定目标和计划相对应，切忌漫无边际	
3	从上司角度看问题	使汇报的内容更为贴近上司的期望	
4	尊重上司评价，不要争论	争论需要三个阶段：提出问题的焦点，提出持不同观点的理由，寻找问题解决的途径。而在汇报时，根本没有时间把争论进行到第三阶段，因而上司也就无法赞同你的观点	
5	补充事实	在汇报完后，一般上司会给予评价，从中可以知道上司对哪些地方不很清楚，你可以补充介绍，或提供补充材料，加深上司对你所汇报工作的全面了解	

工作提示

正式向领导汇报工作一定随身带个笔记本，汇报时领导需要你补充的部分或者修正的部分可以随时记下来。非正式场合向领导汇报时要记下领导的关键指示，以便在工作中有所体现。

人力资源经理在向上司汇报工作时，要做好准备工作，如果需要汇报几项工作，则要先将其列出来，以免遗漏。

（二）注意事项

人力资源经理在向上司汇报工作时，需注意的事项如表1-17所示。

表1-17　汇报工作注意事项

序号	注意事项	说明	备注
1	遵守时间，不可失约	应树立极强的守时观念，不要过早抵达，使上级准备未毕而难堪，也不要迟到，让上级等候过久	
2	轻轻敲门，经允许后方可进门	不可大大咧咧，破门而入，即使门开着，也要用适当方式告诉上级有人来了，以便上级及时调整体态、心理	
3	汇报内容要真实	汇报内容要实事求是，汇报时要吐字清晰，语调、声音大小恰当	
4	注意礼仪	汇报时，要注意仪表、姿态，文雅大方，彬彬有礼	
5	汇报结束不可不耐烦	汇报结束后，上级如果谈兴犹在，不可有不耐烦的体态语产生，应等到由上级表示结束时方可告辞	
6	告辞时要整理	告辞时，要整理好自己的材料、衣着与茶具、坐椅，当领导送别时要主动说“谢谢”或“请留步”	

六、跟踪下属工作进度

人力资源经理进行工作跟踪，可以衡量工作进度及其结果；评估结果与工作目标进行比较；对下属的工作进行辅导；如果在跟踪的过程中，发现严重的偏差，找出和分析原因；采取必要的纠正措施，或者变更计划。

工作提示

工作跟踪不是以下属的工作表现为主，每天都能保证不迟到、不早退，在上司视野所及的范围内勤奋工作的就是好员工。对所有下属的工作表现不能凭着主观感觉。

工作跟踪首先要跟踪的是是不是在朝着目标走，偏离目标是最可怕的，表面上完成计划并不等于没有偏离目标。

人力资源经理可以运用工作跟踪表，对下属工作进行跟踪。以下提供一份工作跟踪表，仅供参考。

表1-18　工作跟踪表

<table>
<tr><td>职务</td><td></td><td>姓名</td><td></td></tr>
<tr><td>下属工作目标</td><td colspan="3"></td></tr>
<tr><td rowspan="2">工作跟踪过程记录</td><td>跟踪过程</td><td>阻力和困难</td><td>排除方法</td></tr>
<tr><td></td><td></td><td></td></tr>
<tr><td>跟踪体会</td><td colspan="3"></td></tr>
<tr><td>跟踪要点</td><td colspan="3"></td></tr>
</table>

人力资源经理进行工作跟踪的步骤，具体如图1-7所示。

图1-7 工作跟踪步骤

（一）搜集信息

人力资源经理搜集信息时，可以采用建立定期的报告、报表制度，定期会议，现场检查和跟踪。搜集信息关键是要能细致并且不断坚持。

（二）给予评价

在进行工作跟踪进行评价时的要点，具体如表1-19所示。

表1-19 评价的要点

序号	要点	具体内部	备注
1	定期跟踪	对下属工作跟踪要养成定期习惯，同时让下属感到主管有定期检查习惯	一旦形成三天打鱼、两天晒网习惯，下属工作有可能渐渐松懈
2	分清主次	对重要的事一定要定期检查，而次要的事则不定期抽查	管理者的事务很多，不可能事事跟踪
3	工作评价	目标是否偏离，有时候是与目标有差距；有时候是具体方法差异	如果发现目标有偏离，就要及时更正
4	寻找原因	在分析偏差时，必须分清哪些是下属无法控制的因素，哪些因素归因于下属本人	

（三）及时反馈

人力资源经理必须定期地将工作跟踪的情况反馈给下属，使下属知道自己表现优劣，寻求改善缺点方法，习惯于自我工作跟踪及管理。

及时反馈，既可以激励大家去完成任务，又威慑那些有可能故意偏离目标的人。

>>> 相关链接

工作跟踪如何克服下属抵触

人力资源经理在进行工作跟踪中，可能会遇到下属抵触。因此，如何克服下属抵触就成为工作跟踪中的一项重要事务。

1.使下属了解有效工作跟踪必要性：计划偏差是很自然而且是可预知的；及时觉察出偏差是非常重要的；工作跟踪更容易达到目标；如果下属清楚自己错误，更容易进行改进；如果经理更了解下属需求，更容易协助其工作。

2.使下属了解工作跟踪不是简单的监督工作情况，关键还在于辅助下属更好地完成工作，达成预定的工作目标。通过工作跟踪，及时发现存在问题，及时进行相关调整，找到解决问题方法和措施。

3.在设定目标、计划工作、跟踪绩效表现，执行改正措施时，要让下属亲自参与。

4.工作跟踪中，遵循对事不对人，保持客观冷静的态度。不能与员工算旧账。

5.不要以权威、指令的方式进行工作跟踪。人力资源经理应时刻牢记主要角色是完成各项工作的下属，自己承担的是引导、辅助的任务，以便充分发挥下属的工作积极性，提高下属工作能力的作用。

6.人力资源经理要对下属遇到的困难表现出理解，并针对不同情况，努力帮助解决困难。对于较困难的与不可避免的问题要有弹性。

七、与员工沟通

（一）哪些情况需要沟通

作为人力资源经理，要明确在什么情况下需要与员工进行沟通呢？一般发生下列情况时，就需要进行沟通了，如表1-20所示。

表1-20　需进行沟通情况

序号	情况	沟通时间	是否需要
1	阶段性绩效考评结束之前的绩效沟通	立即	
2	工作职责、内容发生变化	立即	
3	工作中出现重大问题或某个具体工作目标未完成	立即	
4	表现出现明显变化，如表现异常优异或非常差	立即	
5	工资、福利或其他利益发生重大变化	立即	
6	提出合理化建议或看法	立即	
7	员工之间出现矛盾或冲突	立即	
8	员工对自己有误会	立即	
9	新员工到岗、员工离开公司	立即	
10	员工生病或家庭发生重大变故时	立即	
11	阶段性工作重点和方向	随时开展	
12	重大事件	随时开展	
13	需改进的方面及具体改进方案	随时开展	
14	明确对员工工作上的期望，明确说明其工作重要性	随时开展	
15	对工作方法、思路上自己的建议和个人经验	随时开展	
16	对工作过程中存在问题和改进建议	随时开展	

说明：人力资源经理可以参考上表，进行对照，当发现情况时，可以在最后一栏是否需要中打“√”，然后与员工进行沟通。

当然，如果你在实际工作中，还发现要与员工进行沟通情况，可以再列出一个表，重新进行总结。

（二）怎样进行沟通

人力资源经理要明白，沟通重要的是要达到“通”的目的，如果没有达到预期效果，沟通中出现障碍，那还不如不进行沟通。因此，在这里，就要明确怎样进行有效沟通。

1.常见沟通方式

人力资源经理要了解常见的沟通方式，主要有召开会议、单独一对一沟通、聊天式沟通，还可以充分利用网络进行沟通，如建立一个邮箱，专门收集员工意见，当然也可以将相关信息发送到公司员工QQ群里，或者是员工邮箱中。

2.学会倾听

倾听对人力资源经理至关重要。当员工明白自己谈话的对象是一个倾听者而不是一个等着作出判断的人力资源经理时，他们会毫不隐瞒地给出建议，分享情感。这样，人力资源经理和员工之间能创造性地解决问题，而不是互相推诿、指责。那又如何应用这项技能呢？具体如表1–21所示。

表1–21　倾听技能

序号	技能	运用要点
1	主动	如果不愿意尽力去听和理解，那就没别的办法改进倾听效果
2	进行目光接触	通过与讲话者进行目光接触来集中你的注意力，降低分神的可能性，同时也鼓励讲话者
3	表现出感兴趣	有通过非言语信号，在眼神接触时坚定地点头、适当的面部表情等表示了你正在专心倾听
4	避免分神行为	不要做出一些暗示你正在思考其他事情的动作，在你听的时候不要看表、翻动文件、玩弄铅笔或其他类似的分神动作，这样讲话者会认为你觉得他的讲话内容无聊或无趣
5	表现关注	将自己置于听者的位置来理解讲话者的所看、所感，然而不要将自己的要求和意志反映到讲话者身上
6	把握整体	像解读实际内容那样去解释感觉和情绪，如果你只听词语而忽视其他声音信息和非言语信号，你将漏掉很多细微信息
7	提问	分析自己所听到的内容，并且提问，通过提问澄清所讲内容，以确保理解内容，并向演讲者表明你正在倾听
8	解释	用自己的语言复述所讲内容，用“我听你这样说……”，“你的意思是不是……”此类语句复述
9	不要插嘴	在你回答之前，让讲话者将他的思想表达完毕，不要试图去揣测讲者的思路，当他说完你就知道了

续表

序号	技能	运用要点
10	整合所讲内容	在听时利用空闲时间来更好地理解讲话者的思想
11	不要讲话太多	大多数人倾听只是为了获得一个说的机会，因为谈论更有趣，沉默则令人不适
12	转换更流畅	应该关注讲话者所说内容，在获得发言机会前不要总是去斟酌你的讲话内容

3.及时反馈

沟通是双方的交流，因此必须重视员工的反馈。在反馈时，注意要点如表1–22所示。

表1-22　反馈的要点

序号	要点	具体操作	备注
1	针对特定行为	避免说“你态度不好”或“我对你所做的好工作留下了很深的印象”等这类话	
2	保持反馈非个人化	让反馈针对特定的与工作有关的行为上，不要因为某人的一些不适宜行为而进行人身攻击	
3	围绕目标进行反馈	如果主要是为了你自己，“我总算说出了憋在心里的话。”那么请不要发言，这种反馈会降低你的可信度，削弱你以后反馈的意义和影响	
4	选择恰当时机	当反馈指向的行为和接受反馈的时间相隔很短时，反馈最有意义。当然，如果你没有充足的信息或者你因为其他事情而心情不好时，仅仅为了“快速”地提供反馈，就可以“推迟一些”	
5	确保理解	让接收者复述反馈内容，以确定他是否领会了你所想表达的意思	
6	直率的负面反馈	在批评之余指导那些知道问题存在但不知道如何解决问题的员工	

八、整理文件

人力资源经理案头文件相当的多，不仅是纸质文件，还有电脑中的各类文件。

因此，要将各种文件整理好，以便在需要时可以立刻找到。

（一）纸质文件

(1) 将文件资料进行分类，如可以按照文件类别进行，分为招聘类、考核类、薪酬类、员工关系类以及个人文件等。也可以按照时间进行分类，以月或者周为单位进行整理。

(2) 将现有文件柜中的废弃文件和不再使用的资料清除掉，留下的文件和资料要分别存放在柜子内的不同横档上。

(3) 图纸与散页资料可以放到档案盒内存放。

（二）电脑文件

对于电脑中存放的文件，也要进行整理归类。通常比较混乱的区域是桌面、我的文档、系统中用户的文件夹、个人下载目录。

(1) 删除确定不再需要的文件。

(2) 将通用的文件存放在一个大的目录。

例如，使用“我的文档”，或者自己新建一个文件夹，把所有同类的文件和文件夹放在这一个大的文件夹内。这样方便备份和查找。

(3) 创建其他一些目录分类存放文件，根据自己使用的习惯和要求，创建一些有意义的目录，这些目录分别存放相应分类的文件（夹）。如可以按照日期和时间，相关的人、活动事件，文件类型，地点等分类。

(4) 创建子目录合理存放文件，在已经分好类的文件夹中，如果文件还是很多，尽量根据文件的属性，创建一些子目录，然后把相关的文件分别存放到子目录中。

工作提示

建子目录时，不要创建层次很深的目录结构，反而会使查找更困难。

(5) 通过排序和重命名，重新整理文件夹中的文件，一目了然。

管理心得

每天工作结束后，人力资源经理可以对自己工作进行一个简单的总结。其实也就是一个简单的个人工作日志。

我的日管理心得

已办事项	
未办事项	
待办事项	
今日管理心得	

第二章

一周工作安排与落实

引言

新的一周又开始了，该怎样来做好你一周的工作呢？仔细想想，本周有哪些主要工作：有好几个部门都递交了增加人员申请，必须尽快审核后招聘新员工；有一批员工试用期到了，需要办理转正手续；对了，好像总经理交代要请专家对公司中层领导进行培训……

惨啦！事情这么多，怎样才能理清呢？看看，哪些必须在第一时间内完成，哪些可以稍微往后延……

如果你每周正处于这种忙碌"晕"状态，那就要做好一周工作安排与落实。通过本章学习，相信你一定可以远离这种状态，从而让工作更加有条理，更加轻松愉快！

一、制订一周工作计划

（一）每周时间分析

人力资源经理可以将从周一到周五，连续使用工作（活动）分项分析表（表1-4），将其统计结果分别填入表2-1。周六、周日一般不填，误差就是实际用时与计划之差，无计划的工作事项，计划用时则计为零。

表2-1　每周时间分析表

时间／活动	计划用时							实际用时							误差
	周一	周二	周三	周四	周五	总计	排序	周一	周二	周三	周四	周五	总计	排序	
会议															
巡视															
电话															
看资料															
用电脑															
起草报告															

续表

时间 活动	计划用时							实际用时							误差
	周一	周二	周三	周四	周五	总计	排序	周一	周二	周三	周四	周五	总计	排序	
公出															
路途															
与上司															
与下属															
接待客人															
与同事															
聊天															
处理私事															
休息															
整理、准备															
处理突发事件															
……															
总计															

工作提示

对于每一周的工作事项，你可以参照第一章中日计划里对工作事项相关分析，将工作按照紧急重要性进行安排，确保完成重要工作。

（二）制订工作计划

人力资源经理如何安排一周的时间呢？当然，可以制订一个周计划表，来对一周时间进行分配。表2-2是某公司的人力资源经理的周工作计划表。

表2-2　周工作计划

序号	工作内容	阶段目标	目标完成时间							责任人
			周一	周二	周三	周四	周五	周六	周日	
1	各部门人员招聘	编制招聘职位说明	○	○						
		销售部招聘5人、客服部2人、品质部1人	○	○	○	○	○	○		
2	制度建设	员工手册编撰	○	○	○	○				
		人力资源部各岗位的工作程序和工作标准	○	○	○	○	○	○	○	

现在，你可以以此为参考，来制订一份自己的周工作计划表。

表2-3　我的周工作计划表

序号	工作内容	阶段目标	目标完成时间							责任人
			周一	周二	周三	周四	周五	周六	周日	
1										
2										
…										

二、主持与参加会议

人力资源经理要主持本部门周例会，还要参加经理周例会。因此要将本部门周例会时间与经理周例会时间进行协调，不要发生冲突。

（一）主持会议

主持会议的能力，是考验一个人是否适合担任领导的最简单方式。人力资源经理要如何增加开会的效率，让每个人都能各抒己见、各得其所？以下几点很重要：

1.把握时间

为了尊重每个人的时间，开会最忌讳的就是拖延时间。所以要让会议顺利地进行，要对每个议题的讨论时间有限制。如果在某个议题讨论太久，却还没有结果，就把这个议题记下来，下次开会时再讨论。

2.明确主要目的

在公司，开会通常为了三个目的：沟通、管理和决策。而不管哪一个目的，最重要的是以行动为焦点。人力资源经理可以将会议目的简单罗列。

我召开本周例会的目的，主要包括以下几个：

1.____

2.____

3.____

4.____

……

工作提示

公开称赞，私下批评。避免公开批评别人的意见，因为这对士气有很大的伤害。

3.建立会议议程

在开会前必须清楚这次会议的目的、本质和架构。整理成清楚的议程，并在会议前让大家传阅。这样才能让与会人员有充分的时间准备相关的资料。

（二）参加会议

人力资源经理作为一个会议参加者而参与会议，那参加会议时要做好哪些事项呢？

1.有准备地赴会

人力资源经理在走进会议室之前，首先要弄清楚几个问题，当然周例会作为常规型会议，一般都比较清楚。如果是紧急会议，则要明确的问题，如表2-4所示。

表2-4　需要明确事项

序号	问题	是否明确	备注
1	谁召集这次会议	□是　□否	
2	为何召集这次会议	□是　□否	
3	这次会议是否为了那些悬而未决的老问题而召开	□是　□否	
4	是否为了摆脱棘手的问题而召开	□是　□否	
5	是因为某些人想迫使上级下决心作决策而召开	□是　□否	

如果在会议中，有需要讨论问题或事情，人力资源经理最好事先列出，在参加会议时可以用来提醒自己。

我在参加这周会议时，将要与大家讨论以下问题：

1.________________

2.________________

3.________________

4.________________

……

2.做好会前沟通

如果有新的提议，而且提议可能会威胁到另一个部门或另一些人的安全感。在会议之前，先与这些可能反对你意见的人进行沟通。必要的时候，可以让他们用他们自己的名义提出你的观念。

工作提示

不论你是否在会议前进行沟通，在会议中，一旦由你提出新观念，则千万不要在言辞上威胁到利害攸关的人士。

3.谋求沟通方法

会议场合中的沟通媒体除了有声的语言之外，无声的语言——诸如仪容、姿态、手势、眼神、面部表情等，仍然扮演相当重要的角色。应该特别留意以下几个方面。

（1）仪容要整洁。

（2）准时或提早抵达会场。

（3）避免穿着奇装异服。

（4）留意坐姿。

（5）两眼正视。

（6）借手势或物品引起注意并强调自身的观点。

我认为在参加会议时，需要注意以下事项：

1.____

2.____

3.____

4.____

……

三、员工招聘事务处理

（一）识别招聘需求

当用人部门提出招聘需求时，人力资源经理要对招聘需求进行分析和判断。一般来说，在事先制定好的人员预算中的招聘计划是可以直接执行的。如果当用人部门发现人手紧张时，人力资源经理要判断是否必须要通过招人来解决问题。

其实有时候职位空缺或人手不够的情况下不一定非要招聘新人，可以将其他部门的人员调配过来、现有人员加班、工作重新设计、将某些工作外包等方式来解决。

当用人部门提出招聘需求时，我是采用这样的方法来进行分析和判断的：

1.____________________

2.____________________

3.____________________

4.____________________

……

工作提示

即使真需要招聘新人，那么也需要决定是招聘正式员工还是招聘临时员工。对于某些非长期性工作或者比较简单的工作，可以招聘临时员工来完成，因为这样会比较节约成本。

人力资源经理可以将用人部门招聘需求进行汇总，如表2-5所示。

表2-5　招聘需求汇总表

需求部门	需求专业	学历	性别/需求人数			拟安排岗位
			男	女	不限	

（二）做好招聘准备

当你确定需要招聘时，就要做好各项准备工作。如拟订招聘计划、招聘文书、对岗位工作职责与任职资格进行描述等。

1.招聘计划

招聘计划应明确招聘人员的素质条件、招聘地区和范围以及起点待遇等。具体来说，招聘计划应包括以下内容：

（1）哪些职位需要招聘员工？招聘多少人？

（2）每个职位的员工任职资格是什么？

（3）什么时候发布招聘信息？

（4）采取何种渠道招聘员工？

（5）如何进行员工测试？

（6）是否委托专业机构进行？

（7）招聘费用预算。

（8）新招聘员工的起始待遇。

（9）新员工报到工作时间。

（10）招聘截止日期。

2.招聘文书

招聘的有关文书包括“招聘启事”、“报名表”等内容。

【范例 01】

招聘启事

根据《××公司人才管理办法》有关规定和“双定”工作方案，经公司同意，面向社会应往届全日制普通院校进行公开招聘，具体事宜如下。

（一）招聘原则

公开、平等、竞争、择优。

（二）招聘岗位、名额及要求

专业	学历	性别	人数	要求	工作职责	工作地点
微电子学电子技术	本科	不限	12	（1）具有独立工作能力，工作主动，工作严谨、善于沟通、具有团队精神 （2）有类似岗位科研实习经验者优先 （3）较强英语听说读写能力	负责音响组件生产、测试设备的运行、管理和维护，测试结果的管理和初步分析，与研发团队就测试结果进行沟通，对音响组件进行分类	
自动化	本科	不限	10	（1）具有独立工作能力，工作主动，工作严谨、善于沟通、具有团队精神 （2）有类似岗位科研实习经验者优先 （3）较强英语听说读写能力	负责音响生产线自动化控制系统的日常运行、管理和维护	

（三）报名方法

（1）应聘人员9月8日至11日携带毕业证、报到证（应届毕业生携带填写完整的“毕业生推荐表”或“就业协议书”）、身份证原件及复印件各一份。

（2）应聘人员领取“应聘登记表”，按要求填写并加盖学校就业处印章。各公司按规定时间统一组织本公司应聘人员到集团公司人力资源市场进行电子照相及信息采集。

（3）体检、面试和笔试时间及地点另行通知。

（四）招聘和录取方式

（1）应聘人员报名资格审查后统一进行健康体检。

（2）对健康体检合格的应聘人员，采取笔试和面试相结合的方式择优确定拟录取人员（笔试成绩占90%，面试成绩占10%）。

（3）拟录取人员在公司网站、人力资源网站公示。公示无异议，试用期（一个月）满考核合格的，办理录用手续。

××公司人力资源部

××××年××月××日

表2-6　应聘人员登记表

<table>
<tr><td>应聘职位</td><td colspan="3"></td><td rowspan="3">照片</td></tr>
<tr><td>姓名</td><td></td><td>性别</td><td></td></tr>
<tr><td>出生年月</td><td></td><td>民族</td><td></td></tr>
<tr><td>所在系别</td><td></td><td>所学专业</td><td colspan="2"></td></tr>
<tr><td>毕业学校</td><td></td><td>最高学历</td><td colspan="2"></td></tr>
<tr><td colspan="5">身高：　　厘米　　体重：　　千克　　外语水平：</td></tr>
<tr><td>兴趣爱好</td><td></td><td>健康状况</td><td colspan="2"></td></tr>
<tr><td>通信地址</td><td></td><td>邮政编码</td><td colspan="2"></td></tr>
<tr><td>联系电话</td><td></td><td>手机</td><td colspan="2"></td></tr>
<tr><td colspan="5">主要学习、工作经历：</td></tr>
<tr><td colspan="5">计算机应用开发、网络或通信的知识及能力：</td></tr>
<tr><td>备注</td><td></td><td>薪金要求</td><td colspan="2"></td></tr>
</table>

（三）选择招聘渠道

要做好招聘工作，招到公司需要的人才，必须选择合适的招聘渠道。因此，人力资源经理可以制作一份招聘渠道一览表（表2-7）。

表2-7　招聘渠道一览表

招聘渠道	单位名称	联系地址	联系人	电话/传真	邮政编码	输送对象	备注
各大报纸							
人才市场							
招聘网站							
猎头公司							
信息台							
地方招聘公告栏							
中介机构							
各大院校							
各省、市、县、级劳务机构							

（四）接受报名

招聘信息发布以后，接下来的工作就是接受报名。受理报名的主要任务有两条：一是填写报名表和检验有关证件，确认报考者的报名资格，然后发准考证；二是对应聘者初步面试。招聘工作人员可根据面试情况，对初试合格者填写报考职位、工种的志愿给予指导。对初试不合格者，应耐心作出解释。

（五）审查报名表

人力资源经理在报名结束后在转入下一阶段之前，还要审查报名表，应注意三个问题。

（1）要将全部应聘者的报名表进行汇总、分类和整理。可以将所有应聘人员信息进行统计，以免混淆。

表2-8 应聘人员统计表

姓名	性别	学历	工作经验	应聘职位	所属部门	备注

(2) 人力资源经理在将应聘者的情况与企业职位说明书的任职资格要求相对照，重点审查以下四个问题：

——应聘者是否符合职位说明书中的任职资格要求。

——应聘者在以往工作中掌握的技术、知识、能力、经验与新工作所需的技术、知识、能力、经验之间转换的难易程度。

——忽略应聘者对自己的个性、兴趣等方面无法证实的主观内容。

——估计应聘者提供的背景材料的可信度，找出需证实的疑点问题。

（3）对审查合格者再次复查，必要时可对其提供的背景材料进行核实或背景调查。

表2-9 应聘人员背景材料调查表

<table>
<tr><td>求职人员姓名</td><td colspan="2"></td><td colspan="2">原工作单位</td><td colspan="2"></td></tr>
<tr><td>联系地址</td><td colspan="2"></td><td colspan="2">电话</td><td colspan="2"></td></tr>
<tr><td>被访者姓名</td><td></td><td>职务</td><td colspan="2"></td><td>与求职人员熟悉程度</td><td></td></tr>
</table>

续表

调查内容：

1.求职人员是哪一年到您单位工作的　自____至____年

2.求职人员在您单位从事过哪些工作　自____至____年从事

3.求职人员说在离开您单位时，每月工资及奖金可达××××元是否属实？

是________　不是________

4.他的直接上级对他如何评价________________________

他的直接下属对他如何评价________________________

5.他工作是否努力________________________

6.他与同事相处得如何________________________

7.他是否按时出勤　是________　否________

8.他离职的原因是什么

____

____

9.他为您单位作出了哪些贡献

____

____

（六）测试

报名表审查完后，剔出不合格人员，合格人员进入测试程序。对甄试者可以电话通知，也可以书面通知。

工作提示

书面通知较正规，但若时间紧迫，则宜用电话通知。应聘人员收到通知书后，通常会按时到企业参加测试，招聘人员应事先准备好有关资料。

测试包括笔试、面试、操作测试和心理测试。在测试人员时不一定这四种方法都用到，应根据企业的特点和招聘岗位的特点，具体采用其中的一种或几种进行测试。

1.笔试

笔试就是先拟订好试卷，由应聘者书面答卷根据答卷情况评定成绩的测试方法。这种方法可有效地测试应聘者的基本知识、专业知识、管理知识和技能，以及应聘者综合分析问题的能力、文字表达能力等。

2.面试

就是与应聘者面对面地谈话，通过应聘者对所提出问题的回答及其言谈举止的表现，来了解应聘者的语言能力、知识广度和深度、志趣、仪表等，从而判断他是否符合录用标准。

在一般情况下，对应聘者面试结束后，要进行面试评估，以便对应聘者的优缺点以及是否适合聘用条件作出明确说明。

人力资源经理在面试时，常见面试问题，如表2-10所示。

表2-10　常见面试问题

序号	类别	具体问题	备注
1	与工作经历有关	（1）你认为比较理想的领导（同事、下属、合作者、工作环境等）是怎样的 （2）你认为在工作中什么样的人是比较难相处的？为什么 （3）在你最后的一份工作中，你认为比较困难的工作职责有哪些 （4）你觉得自己在工作当中取得了哪些进步 （5）你觉得你目前所从事的工作与你的前一份工作有哪些不同 （6）在你所做过的工作中，你觉得最得意的是什么 （7）到目前为止，你在事业上受到的最大挫折是什么 （8）你目前的工作职责是什么 （9）你为什么要离开现在的企业 （10）你希望寻找的工作是怎样的 （11）你在大学所学的专业与你所从事的工作有什么样的关系 （12）你给自己设定的中长期的职业发展目标是怎样的 （13）你认为自己在工作中最大的优势是什么 （14）你认为自己在工作中还有哪些有待改善的方面？你将怎样得到改善 （15）你对这份工作感到最满意的地方有哪些？不满意的地方呢	

续表

序号	类别	具体问题	备注
1	与工作经历有关	(16) 你认为作为一名 ××，最难得的是什么 (17) 你是怎样与你的老板沟通的 (18) 你是怎样与你的同事合作的 (19) 你是怎样管理你的下属的	
2	教育经历有关	(1) 你在中学中，最感兴趣的（最不喜欢的）学科是什么？为什么 (2) 你在学校里学得最好的课程是什么？学得相对来说最不好的呢 (3) 为什么你会选择这个专业 (4) 你在大学时的职业发展计划是怎样的？后来发生了什么变化 (5) 你在学校的学习为你的工作提供了怎样的准备条件 (6) 你在学校是否担任过学生干部工作 (7) 你上学的时候是否利用业余时间在外打工 (8) 你是怎样对待那些你不感兴趣的课程的	

上表只是列出了一些常见的面试问题。你在具体面试时，常用面试问题还有哪些呢？

我在面试时，常会问到以下问题：

1.______________________________

2.______________________________

3.______________________________

4.______________________________

……______________________________

3.操作测试

对于工作具有机械性、技术性、专业性的人员，可采用这种方法，如技师、打字员、修理工、生产作业人员、统计人员、会计人员等。例如，招聘打字员，可给她一篇文章，根据其打印完成的速度、错别字的多少评定其测试成绩。这种测试时间比较长，但准确度比较高。

4.心理测验

它是根据抽样原理制作测试材料，经标准化程序，测量一个人的人格、能力、性格的差异。

测试后要形成结果，甚至要将各个应聘人员的测试情况列在一张表格中进行比较、分析，从而找出最合适者。

表2-11　面试评定表

<table>
<tr><td colspan="6">姓名：　　性别：　　年龄：　　编号：
应聘职位：　　所属部门：</td></tr>
<tr><td rowspan="2">评价要素</td><td colspan="5">评定等级</td></tr>
<tr><td>1（差）</td><td>2（较差）</td><td>3（一般）</td><td>4（较好）</td><td>5（好）</td></tr>
<tr><td>求职动机</td><td></td><td></td><td></td><td></td><td></td></tr>
<tr><td>个人修养</td><td></td><td></td><td></td><td></td><td></td></tr>
<tr><td>语言表达</td><td></td><td></td><td></td><td></td><td></td></tr>
<tr><td>专业知识</td><td></td><td></td><td></td><td></td><td></td></tr>
<tr><td>工作经验</td><td></td><td></td><td></td><td></td><td></td></tr>
<tr><td>人际交往</td><td></td><td></td><td></td><td></td><td></td></tr>
<tr><td>情绪控制</td><td></td><td></td><td></td><td></td><td></td></tr>
<tr><td>自我认知</td><td></td><td></td><td></td><td></td><td></td></tr>
<tr><td>综合分析</td><td></td><td></td><td></td><td></td><td></td></tr>
<tr><td>应变能力</td><td></td><td></td><td></td><td></td><td></td></tr>
<tr><td>评价</td><td colspan="2">□建议录用</td><td colspan="1">□可考虑</td><td colspan="2">□建议不录用</td></tr>
<tr><td>用人部门意见</td><td>签字：</td><td>人力资源部门意见</td><td>签字：</td><td>总裁意见</td><td>签字：</td></tr>
</table>

四、新员工报到事务

当新员工报到时，人力资源经理要做好各项准备工作。

（一）进入公司前受理准备

在新员工进入公司前，人力资源经理应做好以下工作：

(1) 上班通知里附上新员工本人进公司的契约书、保证人的身份证明书，指示填好后在上班当天带来。人力资源经理要明确告知新员工，在报到时一定要携带证件报到。一般需要携带的证件包括：身份证正本、学历学位证正本、特殊岗位资格证书正本、健康证、计划生育证正本、其他需交验的证件。

当然，如果你所在的公司还有其他要求，可以另作要求。

新员工报到，需要携带的证件包括：

1.____

2.____

3.____

4.____

……______________________________________

(2) 进入公司的事前准备项目里，特别不能忘记的是桌椅、置物柜等的准备。有库存备品则没问题，若无则要将采购此类物品加在受理事务上。

(3) 需要名片的部门有新员工时，事前须印制好名片。这样在上班后的拜会时可立即使用。

(4) 检讨配属部门、制成配属通知书等。

(5) 人力资源经理可以检讨并制成上班当天的活动计划，如表 2-12 所示。

表2-12 员工报到当天活动计划表

事项	时间	部门	负责人

（二）报到当天准备工作

(1) 在录用者报到受理日前，依事先制订好的受理计划表，再度确认受理程序。如果报到员工人数比较多时，人力资源经理可以制作一份报到员工名录，确定是否到齐。

表2-13 报到员工名录单

姓名	性别	职位	备注

(2) 短时间内做好早会介绍程序的再确认、报到手续结束后的借用或分发物品的再检查。

工作提示

人力资源经理在员工报到当天，要较平常提早到公司。因有些新员工会早到公司，接受报到的人力资源部一定要有所应对。

当然，如果你认为还有其他需要注意事项，可以单列出来。

我认为在员工报到前，还需要做好以下准备工作：

1.________________________________

2.________________________________

3.________________________________

4.________________________________

……_______________________________

（三）受理方法（新员工报到当天）

准备工作完毕后，马上开始这些录用者的报到受理事项。报到当天受理的留意点为：

(1) 人力资源经理要在早会时向全体人员介绍，在短时间内让新员工融入公司。这样做颇具效果。

(2) 董事长（总经理）的训示很有必要。在当天让新员工听取高层经营者的想法，是理解企业经营方针的绝佳机会。

(3) 可行的话，制造与董事长对谈的机会也是个好方法。

(4) 报到手续要简洁。最好做成报到手续一览表，以完成一项便减去一项的方式快速审理各项资料。

表2-14　报到手续一览表

序号	类别	具体事项	负责人
1	借用的物品 （离职时归还）	◇职员证章 ◇员工制服 ◇桌子及置物柜的钥匙	
2	分发的物品	◇董事长给家长的问候信 ◇员工手册 ◇配属通知 ◇公司组织图或介绍图	
3	缴领的物品	◇保证人的身份保证书 ◇本人的契约书 ◇借用品受领书 ◇雇用保险资格取得书（确认是否盖章）	

（4）报到手续完成时发给配属通知（一般来说，配属通知大多在早会时由董事长亲自交给）。

（5）依公司情况的不同，可同时分发职员证章、员工制服等。

（6）交给配属通知后，再介绍、分配新员工予各配属的部门。这样一连串的录用报到手续就完成了。

（四）报到时填写资料

人力资源经理要明确，新员工在报到时，应填写员工保证书、新员工须知、报到会签单等。

【范例 02】

员工保证书

保证人________，今保证思想纯正。在公司任职期间恪守公司规章制度，如有欠亏公款或侵占、盗窃、损坏公司财产，及其他足使公司蒙受损害的行为，本人愿担负全部责任。

保证人：×××

××××年××月××日

【范例03】

××公司新进员工须知

1.上班时间

上午：8：00～12：00。

中午：12：00～13：00休息。

下午：13：00～17：00。

所有人员星期天及法定假日均休息。

2.考勤管理

本公司采用人性化管理，所有人员上下班免打卡，仅须于每星期第一个工作日由主管确认其上周的员工出席记录表。

3.加班

（1）基于工作需要主管要求加班时，无正当理由不应拒绝。

（2）加班费的计算：

平常晚上加班费＝本薪÷240×加班小时×1.5

星期天及法定假日加班费＝本薪÷240×加班小时×2.0

4.请假

请假应事前到人力资源部取得请假卡，经本部门主管核准再把请假卡交还人力资源部考勤文员会签，假毕到人力资源部销假。

5.试用

新进员工试用期为3个月。

6.识别证

（1）新进员工报到当日在人力资源部领取识别证，上班时间及进出公司时均须佩戴识别证。

（2）识别证遗失请向人力资源部申请补发，但须缴工本费50元。

7.工作服

新进员工报到当日到总务部领取工作服。

8.发薪日

每月10～15日。

9.赠品

节假日发给一定的礼品。

10.康乐活动

目前有篮球、羽毛球、乒乓球、象棋等，可向总务部借用。

11.图书室

备有报纸、杂志、书籍，可向人力资源部借阅。

12.医务室

提供简易医疗及咨询。

13.食宿

公司免费向全体员工提供住宿及伙食。

14.教育训练

（1）人力资源部会统一办理新进员工训练、品质训练、计算机训练、各类管理及专业训练。

（2）各部门依工作需要可个别办理在职训练。

15.文具

新进员工所需文具请向本部办事员申请。

16.绝对禁止事项

（1）进出公司区或宿舍不得拒绝警卫或管理人员查询。

（2）在公司内禁止不穿工作服、不戴识别证。

（3）在食堂用餐禁止插队、禁止乱倒剩菜、禁止乱放餐盘。

（4）在宿舍、车间、广场禁止抽烟。

（5）在宿舍禁止喝酒。

（6）禁止乱丢垃圾。

（7）禁止随地吐痰。

（8）22：30 以后禁止出公司。

（9）禁止赌博、打架、恐吓、勒索。

（10）禁止到异性宿舍。

（11）不得破坏、侵占公物。

（12）未经许可不得携带公物出公司。

（13）不得携带禁品入公司。

（14）未经许可不得带外人进公司。

本须知仅为公司管理规章的简要摘录。如有任何问题，请向贵单位办事员、主管请教或请教人力资源部工作人员。

表2-15　××公司新进员工报到会签单

姓名		职位		到职日	
工号		单位		成本中心	
会签部门	审核项目			审核意见	审核人签章
人力资源部	◇发放识别证 ◇派发员工手册 ◇派发移交清册				
总务部	◇工衣的发放 ◇登录的物品借用名册 ◇派发文具（计算器、订书机、剪刀） ◇发放用餐卡				
宿舍	◇发放寝具：棉被、枕头、床垫、脸盆、水桶、鞋子、饭盒 ◇派发所需的器材				
所属单位	◇经办工作的告知，出示清单 ◇经营的证件、档案、锁及其他物品的发放 ◇经营的款项告知，并列清册				
图书室	办理图书证				
财务部	◇登入借支名册 ◇保管的备用金经手名册				
计算机中心	◇书籍、软件借阅（用）名册 ◇password（计算机密码） ◇e-mail的开户				
稽核	以上各项会签手续是否完整				

五、做好员工试用管理

新员工即进入试用期的培训、观察、考核阶段。通常企业对新进员工的试用。

（一）试用期安排表

人力资源经理要做好新员工试用期安排，可以制作一个试用期安排表（见表2-16）。

表2-16　试用期安排表

入职日期：　　年　月　日

部门		职位		姓名	
直属上司		部门主管		试用期	

序号	工作/培训内容	试用期考核指标（对工作完成程度的要求）
1		
2		
3		
4		
本人已经全部了解并接受本“试用期工作安排表”中的所有事项。 试用人员：　　　部门主管： 日期：　　　日期：		

备注：本表由用人部门进行填写，试用人员及部门主管签字确认后，请将原件在新员工入职一周内交人力资源部存档。

（二）试用期满考核

试用结束前，人力资源经理应在期满前三五天，将新进员工试用考核表送交用人部门直属主管，经其初考后再呈上级主管复考。考核结果可能是停止使用或正式任用，如有必要也可延长试用期。

表2-17　员工试用期满考核表

员工编号	姓名	性别	出生年月		学历
试用部门		职位		到职日	
试用期限	自　年　月　日至　年　月　日止				
试用考勤					
（以上仅由人力资源部门填写）					

（续表）

<table>
<tr><td>工作能力</td><td colspan="2">□优秀 □优良
□一般 □差</td><td colspan="2">对现任工作适任状况</td><td>□适任
□不适任</td></tr>
<tr><td>试用期
工作态度</td><td colspan="2">□积极 □一般
□不积极</td><td rowspan="4">主管
评语</td><td colspan="2" rowspan="4">签名：</td></tr>
<tr><td>试用期
成绩考核</td><td colspan="2">□优秀 □优良
□合格 □不合格 □差</td></tr>
<tr><td>最适任工作</td><td colspan="2"></td></tr>
<tr><td>拟调职等</td><td colspan="2"></td></tr>
<tr><td>总裁
室裁
决</td><td colspan="2">签名：</td><td>人力
资源
部意
见</td><td colspan="2">签名：</td></tr>
</table>

部门主管：　　　　　　　　　　人力资源部：

（三）新进员工提前转正与辞退

按企业正常的用人规定，经过试用，新进员工试用的结果有可能是提前转正、按期转正或辞退。

员工试用期不符合录用条件、试用期考核成绩为尚待改进的，由部门主管与员工面谈后，填写试用期辞退建议表，并督促新进员工，到人力资源部领取试用期劳动关系终止通知书，人力资源部协助其办理辞退手续。

【范例04】

员工试用期满通知书

______先生/女士：

您将于____年__月__日试用期届满，根据公司有关规定及您在试用期的工作绩效和表现，经公司研究决定：

1.正式转正

自____年__月__日起，我公司将正式录用您。

2.延长试用期

您的试用期将延长至____年__月__日，到期后公司根据有关规定及您在延长试用期内的工作绩效和表现予以评定是否转正。

3.不予录用

自____年__月__日起，我公司将与您解除劳动合同，请到人力资源部办理有关离职手续，谢谢您为我公司所作的贡献。

姓名	员工编号	所属部门	入职日期	职位	（转正后）职等级

人力资源部

签发人：

年　　月　　日

六、怎样处理员工离职

对于企业来说，离职人员多且频繁，对生产或服务质量及正常运作往往造成重大影响。所以，人力资源经理要对员工离职管理进行研究和分析，把离职造成的损失降到最低。

（一）员工辞退

（1）人力资源经理在处理员工辞退时，必须注意是否符合法律规定。人力资源经理可以列出一份可以予以辞退情况列表，在辞退员工时注意核对。

表2-18　可以予以辞退情形

序号	情形	备注（在情形后打“√”）
1	年终考核不及格，一年内记大过三次	
2	营私舞弊、挪用公款、受贿行贿、擅挪资金者	
3	玩忽职守、办事不力、有具体事实且情节严重者	
4	违抗命令擅自离开工作岗位者	
5	仿效上级主管签字或盗用企业公章者	
6	威胁主管、撕毁涂改企业文书者	
7	偷盗公物者	
8	在外兼营企业影响企业利益者	
9	违背国家法令或企业规章情节严重者	
10	造谣生事煽动闹事或怠工者	
11	其他危害企业权益有确凿证据经有关主管确认者	

我觉得当发生以下情况时，需要对员工予以辞退：

1.________________

2.________________

3.________________

4.________________

……

（2）人力资源经理在辞退员工时，要向员工发放员工辞退通知书。

【范例05】

员工辞退通知书（1）

________先生/女士：

因为本公司的经营方针和业务发生重大的调整和变化，您所学的专业和您的经历、能力均不符合公司的要求，故请您于____年____月____日离开本公司。

谢谢您多年来对本公司的支持和帮助。

您的一切待遇均按照国家法律法规、我公司的______规定和劳动合同的约定处理。

____________有限公司

____年__月__日

【范例06】

员工辞退通知书（2）

姓名		部门		职务	
到职日期	年　月　日	离职日期	年　月　日	工资	
辞退（辞职）原因					
上级主管意见	签字：				
人力资源部经理意见	签字：				
总经理意见	签字：				

注：此通知书一式三份，个人、上级主管、人力资源部门各一份。

（二）员工辞职

员工主动辞职是人力资源经理都经常会有而且必须面对的问题，辞职手续的办理及其后续工作主要由人事文员负责，人力资源经理要做好监督工作。

表2-19　离职申请表

职员编号：　　　　　　　　　　　　　　　　填表日期：

<table>
<tr><td>姓名</td><td></td><td>单位</td><td colspan="2"></td><td>学历</td><td></td><td>职务</td><td></td></tr>
<tr><td>到职日期</td><td></td><td>合同到期日</td><td colspan="3"></td><td colspan="2">预订离职日</td><td></td></tr>
<tr><td colspan="9">离职种类：□辞职　□辞退　□合同到期</td></tr>
<tr><td colspan="9">1.您离职的原因：
□薪资偏低　□福利不佳　□晋长机会　□工作环境　□工作时间长
□无法适应倒班　□人际关系　□上学进修　□健康因素　□无法调转人事关系
□家庭因素　□交通不便　□其他
2.您对目前服务单位建议：

3.您对公司建议：</td></tr>
<tr><td colspan="9">面谈记录：

面谈人：</td></tr>
</table>

人力资源经理	公司总经理	部门主管	直属主管

备注：本表应依核决权限逐级核准。

离职员工→直属主管→部门主管→公司管理部→公司总经理→事业群总经理→集团总部管理部→集团执行董事→集团总经理

（三）离职面谈

人力资源经理在辞职员工完成工作交接后，进行离职面谈，听取离职员工的建议、意见和看法，具体如表2-20所示。

表2-20　离职面谈事项

序号	类别	具体内容	备注
1	准备工作	（1）面谈地点选择轻松、明亮的空间，面谈时间以20分钟至40分钟之间较为恰当 （2）离职者个人基本资料、离职申请书、以往考核记录表应妥善准备，正确掌握离职真正原因	
2	咨询技巧	（1）给被面谈者倒杯茶水，营造轻松的气氛 （2）在面谈过程中，多听少说，适当的提出问题即可 （3）当被面谈者产生防备的情形，不要唐突地介入问题，更不可做任何承诺 （4）将面谈重点记录下来，便于今后分析整理工作	
3	面谈后作业	将面谈记录汇整，针对内容分析整理出离职真正原因，并且提出改善建议以防范类似原因再度发生	

工作提示

由于离职者的心态多半是对公司产生不满，一旦离开后可能会有诋毁公司的情形发生，对于企业形象会有很大的影响，因此做好离职管理可以预防很多不利于公司的行为发生。

（四）离职手续交接

人力资源经理要安排人员做好离职人员手续交接工作，做到井井有条。

表2-21　离职移交手续表

单位		职称		姓名	
已奉准于　　年　　月　　日离职，请依下列所载项目办理离职手续：					
顺序	应办事项	经办单位	经办人签章	扣款金额	
1	经办工作交接清楚（业务人员应列册）	服务单位			
2	职章	总经理办		（限主管人员）	

续表

顺序	应办事项	经办单位	经办人签章	扣款金额
3	住宿人员办理退舍	行政部		
4	缴回制服、钥匙			
5	缴回个人领用文具用品	行政部		
6	缴回员工手册	人力资源部		
7	缴回识别证			
8	办理退保退会			
9	填写离职人员意见表			
10	填停薪单送财务部			
11	填人员异动记录簿、取消插条、人员状况表、名册			
12	审核上列事项	人事主管		
13	有无欠账？有无财务未清事项	财务部		
14	发薪审核	财务主管		
	1.上列事项必须完全办理清楚，方可离职 2.财务部凭本单核发离职员工薪金后，转回人力资源部存查			

（五）处理好离职员工关系

人力资源经理不要认为离职交接手续完之后，所有工作就做完了。人力资源经理要学会处理好与离职员工关系。

（1）如果是优秀员工，可以举办一个小型的饯别会，欢送其离开。让离职员工，同时也可以让在职员工感受到公司人性化。因此，人力资源经理要安排相应人员做好安排事项。

表2-22　饯别会安排事项

时间		地点	
负责人			
参加人员			
备注			

（2）建立离职人员信息库，收集离职人员的重要信息，如新的工作单位、工作职位、联系方式、家庭情况等。

表2-23　离职人员信息库

序号	姓名	新工作单位	新工作职位	联系方式	家庭情况

（3）以各种形式保持与离职人员的密切联系，维持他们与公司之间的关系。这样在需要的时候，他们就会自然而然地站出来，为公司说话或提供帮助。

（4）邀请离职人员参加公司组织的集体活动，或者定期组织专门的离职人员活动。通过参与这样的活动可以让离职人员感到公司对自己的重视，从而自觉自愿地为企业贡献力量。

七、组织内部培训

培训实施涉及许多人、部门和设施，最容易在细节上出错。因此，在这个过程中，人力资源经理一定要周密、细心。

（一）准备工作

1.培训通知书

人力资源经理要让培训信息准确地传达，并且避免以后诸如“不知道有培训课程”，“没有接到通知”此类的推诿扯皮的事情发生，最好起草一份正式的培训通知并发放到受训部门主管及受训人手里比较适宜。

一般常规的培训通知书所包括的内容，具体如表2-24所示。

表2-24　培训通知书的内容

序号	内容	具体说明
1	培训课程说明	详细说明培训课程的内容，如具体学习什么内容、学习带来的益处是什么等。有些比较正式的培训通知书还会说明本次培训活动举行的目的、意义；讲课老师的介绍等。这样一来，内容就更加完备，使学员对培训有一个比较全面的认识
2	会务安排说明	关于培训学员的上课时间、地点、行车路线、用餐等相关的后勤工作方面，要有一个具体的说明。对于培训时间比较长的，或是培训地点不在本地的，要说明住宿安排。届时，学员可以通知为指南，去办理相关的事宜
3	注意事项说明	比如上课时候的纪律要求、学员遇到异常情况、找什么人咨询等，也要作详细的说明

上述是培训通知书的基本内容。在具体起草的时候，培训通知书没有特别的行文要求，可以参考一般公文的写作要求来撰写。以下是某公司的培训通知书，仅供参考。

【范例07】

××公司第1期员工团队合作精神培训通知

各位同事：

欢迎您参加第1期员工团队合作精神培训！

现将有关事项通知如下：

一、时间和地点

	项目	时间	地点
1月6日上午培训	签到	8:15～8:30	上课地点：办公楼二楼培训教室
	上课	8:30～9:40	
	课间休息	9:40～9:50	
	上课	9:50～11:00	
	课间休息	11:00～11:10	
	上课	11:10～12:20	
	培训反馈	12:20～12:30	
	午餐	12:30～13:30	

二、纪律要求

1.按时上下课，如有特殊原因不能参加或中途离开者，请向有关工作人员请假。

2.上课专心听讲，保持安静；关闭手机或调到振动位置。

3.保持环境卫生，上课期间请勿吸烟。

感谢您的配合!

人力资源部

××××年××月××日

附：参加培训人员名单（略）

现在，你可以根据范例，写一份自己的培训通知书。

表2-25　我的培训通知书

各位同事：

欢迎您参加＿＿＿＿＿＿＿＿培训！

现将有关事项通知如下：

培训时间	培训课程	培训地点	培训讲师

纪律要求：

＿＿＿＿＿＿＿＿＿＿＿＿＿＿＿＿＿＿＿＿＿＿＿＿＿＿＿＿＿＿

＿＿＿＿＿＿＿＿＿＿＿＿＿＿＿＿＿＿＿＿＿＿＿＿＿＿＿＿＿＿

＿＿＿＿＿＿＿＿＿＿＿＿＿＿＿＿＿＿＿＿＿＿＿＿＿＿＿＿＿＿

＿＿＿＿＿＿＿＿＿＿＿＿＿＿＿＿＿＿＿＿＿＿＿＿＿＿＿＿＿＿

参加人员名单：

＿＿＿＿＿＿＿＿＿＿＿＿＿＿＿＿＿＿＿＿＿＿＿＿＿＿＿＿＿＿

＿＿＿＿＿＿＿＿＿＿＿＿＿＿＿＿＿＿＿＿＿＿＿＿＿＿＿＿＿＿

人力资源部

××××年××月××日

2.培训协议书

培训协议书包括员工培训书和外聘培训协议书。人力资源经理要与其签订协议书，保证双方合法权益。

以下是某公司员工培训协议书，仅供参考。

【范例 08】

员工培训协议

姓名：

部门：

岗位：

培训目的：

培训机构：

培训科目：

本人因公司发展需要被派送到__________参加培训，时间____天，（即从____年____月____日至____年____月____日）。愿与公司共同遵守以下协议：

1.培训期间本人愿意遵守培训机构的有关规定，维护本公司名誉与保证不泄露公司秘密。保证受训期间虚心学习，吸收所需知识技能，于受训期满后返回公司服务。如公司中途因工作需要要求中止受训，愿以公司利益为重，绝无异议。

2.学业完毕后愿尽所学的经验、知识、技能服务于公司，并愿将所学传授给公司同事，所取得相关资料应留公司存档。利用所学取得的科研成果、专利、著作应以公司名义取得自有知识产权，绝不私自向外出售、泄露、转让。

3.培训学习期满保证继续在公司服务____年，即从______年____月____日至______年____月____日，愿按公司相关规定申请报销培训费用。

4.培训期间，公司应根据培训地点生活水平每月发给学员在职时月工资的____%生活补贴，计____元人民币/月。

5.培训期间本人愿与公司保持不间断联系，并能配合公司的科研开发及项目拓展活动。

6.培训人如有违反以上条款，需赔偿公司一切损失。如有泄露公司商业、技术秘密者，愿承担法律责任。

受训人：

公司：

法定代表人：

××××年××月××日

外聘培训协议书，是指公司向社会上的专业培训机构聘请培训师时所签订的协议。

工作提示

外部培训协议书是与培训机构签订的，而不是培训师个人。两者在格式或行文上并没有很大的区别，主要是内容上有所不同。

3.选择培训场所

人力资源经理要提前选好培训场所，并且最好要有其他备选场所。

我在选择培训场所时，一般会注意下列事项：

1.________________

2.________________

3.________________

4.________________

……

4.培训设备

在进行培训前，人力资源经理要安排人员准备好各种培训需要的设备，可以制作一份培训设备清单。

表2-26　培训设备清单

序号	设备名称	是否已经带齐	备注
1	实物投影仪	□是　□否	可在准备好的资料“□是”项打“√”，以提醒还有哪些资料没有准备
2	计算机投影仪	□是　□否	
3	白板	□是　□否	
4	录像机	□是　□否	
5	计算机	□是　□否	
6	挂图	□是　□否	
7	印刷材料	□是　□否	
8	其他相关设备	□是　□否	

5.培训后勤工作

为了保证培训的顺利完成，人力资源经理一定要精心安排相应的后勤保障，以保证培训能顺利进行。人力资源经理可以根据培训规模，安排一个或几个人员负责培训后勤工作，对各项工作进行跟踪。

表2-27　培训后勤工作跟踪表

序号	工作事项	计划完成时间	实际完成时间	负责人
1	交通			
2	教学设备及辅助工具准备			
3	确定技术维护人员			
4	茶点膳食安排			
5	熟悉培训现场周围环境			

（二）培训中管理

1.员工签到

人力资源经理要做好培训中的各项管理工作，保证达到培训目的。人力资源经理可以安排专门人员负责签到工作，然后根据学员签到表，掌握学员的出勤情况。

表2-28　员工培训签到表

培训课程：					
培训时间：					
培训讲师：					
序号	姓名	职位	部门	签到	备注

2.培训介绍

在培训开始时，人力资源经理可以对培训进行简单的介绍工作，如培训课程、培训师、后勤安排、管理制度等。

工作提示

在培训过程中，应安排专人负责培训器材的保管和维护。如果设备出现了故障要能够及时修理或替换，不要影响培训的进行。

（三）培训后管理

1.学员考核

当培训结束后，人力资源经理对学员进行考核，以查看是否达到培训效果。

表2-29　员工培训考核表

序号	姓名	培训内容	考核方式	考核项目	考核时间	考核结果	评定人	采取措施	备注

2.培训后跟进

培训后跟进工作是为了使培训活动的进展更加顺利，取得更好的效果。培训过后，人力资源经理要对培训者实施调查，以听取他们对培训的看法。表2-30是某公司对部门经理培训后的培训跟进信息反馈表，仅供参考。

表2-30　培训跟进信息反馈表

各部门经理：

你们好！

贵部门的×××按照原定计划已经参加了我部于××××年××月××日至××××年××月××日组织的××××××培训项目。本次培训活动重点学习了以下几个方面的内容：

1.

2.

3.

4.

为达到学以致用的目的，请您在工作中尽力安排其实践机会；同时请您费心观察、统计参加培训后的效果，并于3个月后将有关内容汇总到人力资源部。

谢谢合作！

人力资源部

××××年××月××日

八、员工关系维护

作为人力资源经理，要维护好员工关系，让员工关系保持融洽。

（一）处理员工冲突

当员工之间发生冲突时，人力资源经理要及时处理。

1.了解冲突原因

人力资源经理在处理员工冲突时，必须了解发生冲突原因。一般员工之间冲突原因有以下几种。

(1) 处事策略不同产生矛盾冲突。

(2) 责任归属不清产生矛盾冲突。

(3) 个人情绪产生的矛盾冲突。

(4) 对有限资源的争夺。

(5) 价值观和利益不一致。

(6) 角色冲突。

我认为员工之间产生冲突，常见原因包括：

1.______________________________

2.______________________________

3.______________________________

4.______________________________

……

2.注意事项

人力资源经理在处理员工冲突时，要注意以下事项：

(1) 记住是寻找解决方法，不要指责某一个人，即使指责是正确的，也会使对方顿起戒心，结果反而使他们不肯妥协。

(2) 不要用解雇来威胁人，这只会妨碍调解。

(3) 消除任何感情因素，集中精力进行研究，深入调查、发现事实，找到冲突的根源。

(4) 坚持客观的态度，不要假设某一方是错的，一定要倾听双方的意见。担任好调停者的角色，最好让冲突双方自己解决问题。

（二）恰当纪律处分

人力资源经理在进行处分前，一定要让员工明确在什么情况下会被处罚；把由员工与不由员工控制的责任提取出来。在采取处分措施时，需要注意以下事项。

1.原因

员工表现出不法或不当行为的原因与动机，有的是值得同情与可以原谅的，有的是令人非常气愤、无法容忍的。处理时应区别对待，对情有可原的应从轻处分；对恶劣成性的，应从重处罚。

2.目的

有的员工虽表现出不法或不当行为，但其行为的目标，有的是可嘉的（如以谩骂来纠正下属的缺点），有的是不容许的（如以强制手段要下属从事不法勾当）。所表现的行为虽为同等的不法或不当，但对目标可嘉的，应从轻处分；对目标不容许的，应从重处分。

3.是否必须处分

一般而言，对员工采取的处分措施，需以“如不处分则将影响优良风气”为限。因为处分对员工而言，毕竟是一种挫折，受挫折的员工，能因受到挫折而更加奋发者毕竟不多。

4.给予何种处分

一般来说，处分措施严不如宽。因为从宽的处分易使员工感到内疚，可降低逃避或抗拒心理，较易产生奋发的作用。如无充分理由而给予过严的处分，弊多而利少。

5.如何给予处分

对于员工的处分，可以是口头的，也可以是书面的；可以是公开的，也可以是私下的。

6.员工受处分申诉

受处分的员工，如认为处分过重或认为受冤屈时，可能会向给予处分的主管或上一级主管部门提出申诉。人力资源经理在接受员工申诉时，在处理上必须慎重。

管理心得

管理心得，其实是人力资源经理对自己个人工作的总结。可以是对某一个事件的看法，也可以是某一工作的实施计划；可以是成功的经验，也可以是失败的教训。

我的周管理心得

已办事项	
未办事项	
待办事项	
通过这一个周的工作，我最大的收获是：	

第三章
一月工作安排与落实

引言

人力资源部工作事项多且杂，需要与各个部门沟通协调，如果没有按时做好工作，将会影响其他部门正常运转。

财务部又来催了，要这个月的绩效考核来核算工资，结果发现销售部竟然还没有上交。怎么办？

每个月的工作有常规的，也有突发的，人力资源经理要做到让自己忙而不乱，井井有条，必须做好工作安排。

一、制订一月工作计划

（一）月度重点工作指引

一年有12个月，人力资源经理可以制定月度重点工作，表3-1是某人力资源经理的月度重点工作指引。

表3-1　月度重点工作指引表

月份	重点工作	备注
1月	年度计划制订：招聘计划、员工培训计划	
2月	新员工招聘（管理层）	
3月	新员工培训	
4月	岗位工作分析	
5月	应届毕业生招聘	
6月	年中绩效考核、新员工培训	
7月	主管在职培训	
8月	经理在职培训	
9月	薪酬福利设计	
10月	员工关系管理	
11月	员工异动管理	
12月	年终总结及下年度的安排	

工作提示

对于每一月的工作事项，你可以参照第一章中日计划里对工作事项相关分析，将工作按照紧急重要性进行安排，确保完成重要工作。

当然，你可以根据自己实际情况来编制一份自己的月重点工作指引表（见表3-2）。

表3-2　我的月重点工作指引表

月份	重点工作	备注
1月		
2月		
3月		
4月		
5月		
6月		
7月		
8月		
9月		
10月		
11月		
12月		

（二）月工作计划

人力资源经理确定了每一个月的重点工作之后，就要制订具体每个月的工作计划。表3-3是某人力资源经理的月工作计划。

表3-3 月工作计划表

序号	工作内容	阶段目标	目标达成时间				责任人
			第一周	第二周	第三周	第四周	
1	了解培训需求		○				
2	分析培训需求		○				
3	确定培训需求			○			
4	制订培训计划			○			
5	联系培训讲师			○			
6	实施培训				○	○	
	……						

可以看出，该人力资源经理该月工作重点是员工培训。现在，你也可以根据自己月工作重点来制作一份月工作计划表（见表3-4）。

表3-4 我的月工作计划表

序号	工作内容	阶段目标	目标达成时间				责任人
			第一周	第二周	第三周	第四周	
1							
2							
3							
4							
5							
6							
…							

二、月度绩效考核统计与分析

人力资源经理要审核员工每个月的月考勤状况表，为财务部统计员工工资提供考勤依据。员工考勤包括出勤、病事假、迟到、早退、旷工、工伤、加班、出差等项目。人力资源经理可以查看每个月的员工考勤表（见表3-5），了解员工考勤情况。

表3-5 ____月员工考勤表

<table>
<tr><th rowspan="2">编号</th><th rowspan="2">姓名</th><th rowspan="2">入职日期</th><th rowspan="2">实勤天数</th><th colspan="5">缺勤天数</th><th>迟到</th><th>早退</th><th colspan="2">未刷卡次数</th><th rowspan="2">备注</th></tr>
<tr><th>事假</th><th>年假</th><th>旷工</th><th>加班</th><th>补休</th><th colspan="2">分钟</th><th>上班</th><th>下班</th></tr>
<tr><td></td><td></td><td></td><td></td><td></td><td></td><td></td><td></td><td></td><td colspan="2"></td><td colspan="2"></td><td></td></tr>
<tr><td></td><td></td><td></td><td></td><td></td><td></td><td></td><td></td><td></td><td colspan="2"></td><td colspan="2"></td><td></td></tr>
<tr><td></td><td></td><td></td><td></td><td></td><td></td><td></td><td></td><td></td><td colspan="2"></td><td colspan="2"></td><td></td></tr>
<tr><td></td><td></td><td></td><td></td><td></td><td></td><td></td><td></td><td></td><td colspan="2"></td><td colspan="2"></td><td></td></tr>
<tr><td></td><td></td><td></td><td></td><td></td><td></td><td></td><td></td><td></td><td colspan="2"></td><td colspan="2"></td><td></td></tr>
<tr><td></td><td></td><td></td><td></td><td></td><td></td><td></td><td></td><td></td><td colspan="2"></td><td colspan="2"></td><td></td></tr>
<tr><td></td><td></td><td></td><td></td><td></td><td></td><td></td><td></td><td></td><td colspan="2"></td><td colspan="2"></td><td></td></tr>
</table>

（一）缺勤

缺勤主要是指违反企业劳动纪律的迟到、早退和旷工以及正常的请假而不上班的现象。人力资源经理要对缺勤严格加以控制。

工作提示

如果缺勤的问题比较严重，则要认真加以分析；判断是哪种方式出现的频率大，其原因是什么，从而找出对策。

一般情况下，我是这样处理员工缺勤的：

1.____________________

2.____________________

3.____________________

4.____________________

……

（二）请假

员工因事不能出勤，必须依照规定请假。人力资源经理一定要要求请假人填写请假单（见表3-6），并按规定程序与手续办理请假事宜。

表3-6　请假单

员工编号		员工姓名		部门	
岗位		工作交接人		填写时间	
请假时间：　年　月　日　时至　年　月　日　时　共　天　小时					
请假类别：□工假（换休、工伤、年休）　□公假（产假、婚假、丧假、护理假） □病假（需县级以上医院住院证明）　□事假 □探亲假　□其他（请说明）					
所附文件：					
交接事项：					
人力资源部核实实际天数：　年　月　日　时至　年　月　日　时　共　天　小时					

总经理：　　部门经理：　　直接领导：　　申请人：

（三）加班

正常上班8小时后，仍需继续工作而延长工作时间谓之加班。一般在碰到订单很紧或旺季订单多的情况时，便有可能连续加班。人力资源经理要对加班加以控制，业务旺季，产品供不应求；工作性质特殊，工作具有持续性，不能中途停顿者；处理紧急任务时可以申请加班。

工作提示

加班不可随意，因为加班是要付出成本的，如加班人员的工资、水费、电费、设备损耗费等；同时，加班尤其是晚上加班有许多安全隐患。

人力资源经理要做好加班的各项管理工作，包括加班申请、加班汇总等。

1.加班申请

加班应事先申请。一般而言，加班必须由直接主管填写加班申请单（见表3-7），经上级主管核准后，于下班前30分钟送人力资源部。人力资源经理要对加班申请进行审核，判断是否需要加班。

表3-7　加班申请单

<table>
<tr><td>申请部门</td><td></td><td>加班时间</td><td></td></tr>
<tr><td colspan="4">加班事由：</td></tr>
<tr><td>加班计划（工作人员名单及工作具体安全）</td><td colspan="3"></td></tr>
<tr><td>部门意见</td><td colspan="3">签字：
年　　月　　日</td></tr>
<tr><td>人力资源部意见</td><td colspan="3">签字：
年　　月　　日</td></tr>
</table>

注：加班申请单一式两份：一份由申请人所在部门保存；另一份由人力资源部备查。

2.加班汇总

人力资源经理安排考勤人员将每月加班汇总，计算出人均加班时数，并呈人力资源部经理和公司最高主管审核加班时数是否合理。

表3-8　每月加班汇总表

姓名	职务	加班时间	加班原因

3.核对实际加班

将各部门的加班申请单和出勤卡(或出勤资料)进行核对。公司员工多的，则先由各部门助理核对，经部门主管核认无误后，统一交人力资源部统筹，以此了解实际加班情形。

工作提示

若有申请加班而未加班者，应了解原因；若有未申请加班而加班者，应由其主管签名核认方可；加班期间人力资源经理可以根据申请单进行抽点，以免有虚报加班的现象。

（四）出差

在出差之前，出差者应填写出差申请单（见表3-9），出差的期限由出差人员所在部门主管视出差任务的需要，事先予以核定。出差者填写完出差申请单后应上交部门主管。

表3-9　出差申请单

出差人		部门	
差期	年　月　日至　年　月　日　共计　天		
出差地点			
出差事由			
部门负责人意见： 签字：　　　　年　月　日			
人力资源部意见： 签字：　　　　年　月　日			

本表填毕后，原件复印件分存办公室、本工作部门。

出差回来后4天内，出差人员应向财务处办理报销手续。逾期不报者，若无特殊理由，财务处有责任检查，并按相关规定予以处理。

表3-10　出差旅费报销清单

出差人：　　　　　　　　　　部门：　　　　　　　　　　年　　月　　日

<table>
<tr><th colspan="2">出差日期</th><th colspan="2">地点</th><th rowspan="2">交通费</th><th rowspan="2">膳杂费</th><th rowspan="2">住宿费</th><th rowspan="2">杂费</th><th rowspan="2">其他费用</th><th rowspan="2">合计</th><th rowspan="2">说明</th></tr>
<tr><th>月</th><th>日</th><th>起</th><th>迄</th></tr>
<tr><td></td><td></td><td></td><td></td><td></td><td></td><td></td><td></td><td></td><td></td><td></td></tr>
<tr><td></td><td></td><td></td><td></td><td></td><td></td><td></td><td></td><td></td><td></td><td></td></tr>
<tr><td></td><td></td><td></td><td></td><td></td><td></td><td></td><td></td><td></td><td></td><td></td></tr>
<tr><td></td><td></td><td></td><td></td><td></td><td></td><td></td><td></td><td></td><td></td><td></td></tr>
<tr><td></td><td></td><td></td><td></td><td></td><td></td><td></td><td></td><td></td><td></td><td></td></tr>
<tr><td></td><td></td><td></td><td></td><td></td><td></td><td></td><td></td><td></td><td></td><td></td></tr>
<tr><td></td><td></td><td></td><td></td><td></td><td></td><td></td><td></td><td></td><td></td><td></td></tr>
<tr><td colspan="4">费用总计</td><td></td><td></td><td></td><td></td><td></td><td></td><td></td></tr>
<tr><td colspan="2">旅费总额（大写）</td><td colspan="4">□人民币
万　仟　佰　拾　元　角　分
整</td><td>预支旅费</td><td colspan="2"></td><td>应付（支）金额</td><td></td></tr>
<tr><td colspan="2">会计</td><td colspan="2"></td><td>核准</td><td></td><td>审核</td><td colspan="2"></td><td>收款签字</td><td></td></tr>
</table>

三、员工离职统计与分析

离职面谈是针对离职员工个人进行的调查工作，因此，得到的信息不免有偏颇之处。要了解员工整体的情况，对公司员工管理工作作出比较客观的评价，还要依靠员工离职统计和分析。

人力资源经理要确定离职管理目标，目标可以是针对整个公司或者某个部门。例如，5年内，公司的整体离职率减少4%；其次要决定采取的措施，这就需要根据离职原因分析所得出的结论来制定相应的办法。

表3-11　人员变动登记表（辞退、辞职）

类别	生效日			姓名	性别	单位	职称	编号

四、了解员工动态

作为人力资源经理，要随时了解员工动态情况。可以将每月入职人数、离职人数等进行统计，如表3-12所示。

表3-12　员工每月动态统计表

人员招聘统计					流动状况	
招聘人数	应聘人数	报到人数	起止时间	说明	辞职人数	
					退休人数	
					停薪留职	
					深造人数	
					辞退人数	
					其他事项	
					奖惩件数	
					抚恤件数	
					劳保件数	
					就医住院	
					人员签调	

五、优秀员工评选并嘉奖

一般公司每月都会评选优秀员工并对其进行嘉奖，以此来提高员工的工作积极性。

（一）制定评选标准

当然，实际情况不一，所以评选标准也会有差异，要确定优秀员工比例。以下是某公司人力资源经理制定的月优秀员工评选标准，仅供参考。

【范例 09】

月度优秀员工评选标准

为了提高员工的积极性和工作效率，现决定每月评选月度优秀员工，加强员工的积极性和竞争意识。具体内容如下：

（一）评比标准

1.入职三个月以上的员工均可参加优秀员工评比。

2.当月出勤率为全勤（当月无迟到、早退、旷工、病事假）。

3.品德端正，遵纪守法，无违反国家法律法规。

4.熟知公司企业文化、员工手册、各项规章制度。

5.严于律己，能很好地遵守各项规章制度，并在工作岗位上真正起到表率带头作用。

6.仪容仪表符合规定，对本职工作积极主动，认真热心，成绩显著得到部门领导的一致认可。

7.对公司忠诚、爱岗敬业、乐于助人，与同事相处融洽、对领导尊重服从。

8.积极参加各类培训及活动，抵御日常培训考核合格。

9.对业务熟悉，能配合同事完成各项工作任务，无工作失误。

10.宿舍生活表现良好，无不良嗜好。

11.当月无惩罚记录。

（二）奖励标准

每月被评为月度优秀员工记嘉奖一次，进行实物奖励或现金奖励。优秀员工名单将予以公布。

（三）评选流程

1.每月25日各部门领导提报符合标准的员工名单至人力资源部，作为月度优秀员工的候选人。

2.部门所有员工对候选人进行投票选举，票数最高为月度优秀员工。

3.次月2日将最终评选结果张贴公告栏上通报表扬。

通过范例，你也可以制定符合自己公司情况的月度优秀员工评选标准。

我觉得月度优秀员工，需要符合以下要求：

1.____________________

2.____________________

3.____________________

4.____________________

……

（二）奖励

人力资源经理对于优秀员工奖励可以多样化，如星级酒店自助餐券、电影票、购物卡、洗衣券、读书卡、短途旅游等，优秀员工可自行选择一项喜欢的项目，由人力资源部负责安排。

对于月度优秀员工奖励，我通常会采用下列方法：

1.____________________

2.____________________

3.____________________

4.____________________

……

（三）通报表扬

通报表扬是对优秀员工的精神奖励，人力资源经理必须重视。一般可以将通报表扬张贴在公司公告栏中，或者是在月度员工大会中予以表扬。以下是某公司的通报表扬，仅供参考。

【范例10】

月度优秀员工通报表扬

4月，公司各部门认真贯彻落实各项规章制度，坚持主动抓安全，人人讲安全，安全监督检查力度大，安全隐患纠正、整改及时，措施得力，安全管理到位，成效明显。现对以下各部门安全生产优秀个人进行通报表扬。

一、生产部

优秀员工：×××、×××

二、品质部

优秀员工：×××、×××

三、仓管部

优秀员工：×××、×××

四、采购部

优秀员工：×××、×××

五、销售部

优秀员工：×××、×××

六、人力资源部

优秀员工：×××、×××

希望上述员工珍惜荣誉，再接再厉，戒骄戒躁，在今后的工作中再创佳绩。同时，号召公司全体员工要以他们为榜样，在实际工作中严格落实各项规章制度，养成照章办事的习惯，主动强化安全意识，切实将安全贯穿到每项工作的细节当中，处处讲安全，时时抓安全，齐心协力，常抓不懈，共保安全，营造良好的安全环境。

特此通报

人力资源部

××××年××月××日

六、员工晋升

每月可能都会有晋升员工的机会，人力资源经理要处理好相关事务。因为晋升涉及的不仅是职务升级，还可能关系到相应工资调整等事项。

（一）同一个部门晋升

同一个部门晋升，又分为三种情况，具体如表3-13所示。

表3-13　同一个部门晋升

序号	情况	考虑问题	备注
1	只是增加新职责	(1) 员工是否存在潜能 (2) 是否需要新的工作技能训练 (3) 新的职责是否是原来的相互制约职责	给员工增加新的职责，在人事结构上就要给员工晋升，如从三级科员晋升到二级科员
2	不仅增加新职责，扩大管理权限	(1) 员工对横向工作流程上新授权管理的责任岗位职责是否有控制力 (2) 他与上级之间是否存在权力与责任交叉 (3) 他与上级的能力是否可以匹配	在一个部门内，将优秀员工晋升到主管副职岗位
3	纵向晋升员工职务	员工在同级管理者中的管理权威如何	如生产小组长晋升到车间副主管

（二）晋升到决策管理层

如果是将员工晋升到决策管理层，人力资源经理要考虑问题，如表3-14所示。

表3-14　员工晋升到决策管理层

序号	情况	考虑问题	备注
1	组织决策力与领导力	(1) 组织决策力是在财务、市场管理、生产管理、技术开发管理哪方面最欠缺 (2) 组织领导力欠缺是在使命领导力、责任领导力、能力领导力哪方面 (3) 这位员工晋升加入决策管理队伍，是否可以弥补组织决策层在这两方面的欠缺	

续表

序号	情况	考虑问题	备注
2	建立与管理组织信息通道能力	若没有这方面的能力，或对这方面根本没有兴趣的员工进入决策层，很容易产生官僚主义的管理行为	
3	组织决策层领导行为与风格	考虑决策层领导风格互补，不可以一种领导风格来否定另外一种领导风格	

（三）晋升到顾问层

有的员工有丰富经验，个人业绩相对突出，但在组织力与领导力方面相对薄弱，在人事管理工作方面成功的案例较少，常常在任职期间，员工意见较大。

人力资源经理为了合理发挥其作用，可以将其安排到各部门中当各主管的助手，但在岗位职责方面，要考虑管人的职责尽量少，管事、管财、管物的职责多给予安排。

（四）晋升到参谋层

人力资源经理可以将喜欢对上级或组织提意见或建议，但是平常工作不错，良好的方面多于不良的方面的员工晋升到参谋层。

工作提示

在授权授责时要考虑其对组织决策层决策思想与管理战略的理解力，在平常要多考察工作行为，可能工作过程不一定规范，但工作结果却令人相当满意，有的时候甚至令人惊喜。

（五）晋升到监督层

人力资源经理可以将组织纪律性较强、办事规矩，讲原则的员工从事标准管理推动工作，如6S现场管理专员、现场安全管理专员等职位。

表3-15　员工晋升申请表

<table>
<tr><td>姓名</td><td></td><td>部门</td><td></td><td>职务</td><td></td></tr>
<tr><td>工号</td><td></td><td>入职日期</td><td></td><td>执行日期</td><td></td></tr>
<tr><td>理由简述</td><td colspan="5"></td></tr>
<tr><td>部门意见</td><td></td><td>人力资源部意见</td><td></td><td>总经理意见</td><td></td></tr>
</table>

一般员工晋升都会变更工资，因此人力资源经理要制定变更工资申请表。

表3-16　变更工资申请表

<table>
<tr><td>日期</td><td></td><td>姓名</td><td></td><td>工号</td><td></td></tr>
<tr><td>职称</td><td colspan="2"></td><td>工作部门</td><td colspan="2"></td></tr>
<tr><td>担任工作</td><td colspan="5"></td></tr>
<tr><td>聘用日期</td><td colspan="5"></td></tr>
<tr><td>记录</td><td colspan="5">□优　　□好　　□普通　　（任选一种）</td></tr>
<tr><td>现在工资</td><td colspan="2"></td><td>将调整工资</td><td colspan="2"></td></tr>
<tr><td>理由
（任钩一种）</td><td colspan="5">□晋升　　□调整工作　　□考绩优良　　□年资增加</td></tr>
<tr><td>最低工资</td><td colspan="2"></td><td>工资等级</td><td colspan="2"></td></tr>
<tr><td>前工作需要条件</td><td colspan="5"></td></tr>
<tr><td>新工作需要条件</td><td colspan="5"></td></tr>
<tr><td colspan="6">备注：</td></tr>
<tr><td></td><td colspan="2">申请者</td><td colspan="3">批准者</td></tr>
<tr><td>签章</td><td></td><td></td><td></td><td colspan="2"></td></tr>
<tr><td>日期</td><td></td><td></td><td></td><td colspan="2"></td></tr>
</table>

七、企业文化及政策宣传与培训

人力资源经理要注重营造企业文化氛围，在每月定期举办相关宣传与培训，让员工更加了解企业，融入企业这个大家庭。有的企业人力资源部还会设立一个公司文化主管，负责公司文化及相关政策的宣传。

（一）公司文化宣传

公司文化宣传，可以运用各种方式，公司文化是一个大概念，只要是可以宣传公司的，都可以采用。表3-17是宣传公司文化方式，可以选择合适地予以运用。

表3-17 公司文化宣传方式

序号	方式	示例	备注
1	编制公司文化手册	公司宗旨、精神、经营理念、企业作风、管理模式、公司之最、员工素质要求等	
2	会议	开宣贯大会	
3	标牌	公司内外公司精神标牌	
4	条幅	悬挂公司远景条幅	
5	着装	员工统一着装	
6	标志牌	办公场所有标志牌，人员有桌牌	
7	文明礼仪	文明礼仪规范学习检查	
8	故事会	收集激励性等典型故事，举办故事会	
9	建设实施	有细则、有活动、有检查、有总结	

（二）政策宣传与培训

政策宣传可以是国家最新法律法规，也可以是公司自己制定的新政策。例如最近公司安全方面经常出现问题，人力资源经理就可以以安全为主题，对员工进行培训。

八、制作人力资源月报

人力资源经理每月都要制作一份人力资源月报，上交给总经理或其他上级领导。表3-18是人力资源部月报格式，仅供参考。

表3-18　人力资源月报表

一、人力资源基本情况

部门		财务部	成本部	采购部	……			合计	占比
总人数									
性别	男								
	女								
学历	硕士及以上								
	本科								
	大专								
	大专以下								
职称	高级								
	中级								
	初级								
	其他								
任职资格	一级								
	二级								
	三级								
	其他								
填写说明		每一项目必须单独列表；所有学历、职称、任职资格必须有国家相关部门认可并颁发的证书							

二、人员异动情况

（一）招聘计划完成情况

类别＼部门	财务部	成本部	采购部	……			合计
计划招聘人数							
实际招聘人数							
计划完成率							

续表

招聘计划完成情况分析：
1.
2.
3.
4.
……

（二）增加人员明细

序号	姓名	性别	岗位	部门	出生年月	最高学历	入职日期	类别
填表说明	类别指的是新招聘入职、部门内部调动入职、部门间调动入职等							

（三）人员减少情况

序号	姓名	性别	岗位	岗位列表	入职时间	离职时间	离职类别
填表说明	岗位类别是指岗位属于高层领导、高级经理、经理、专业技术人员、其他；离职类别是指主动辞职、劝退、辞退、合同到期、离退休及其他						

续表

（四）人员调岗情况

序号	姓名	原部门岗位	调入部门岗位	调岗时间	调岗原因
填表说明	调岗是指公司内部的调岗				

人员异动分析：

1.

2.

3.

4.

……

三、培训与教育

序号	日期	培训主题	学时	主讲人	参加人员范围

培训与教育分析说明：

1.

2.

3.

4.

……

续表

四、本月劳动合同签订情况

序号	姓名	入职日期	合同年限	签订日期	未签原因说明或其他说明

劳动合同签订情况说明：
1.
2.
3.
4.
……

五、人工成本

部门名称	人数	工资	补助	社保	其他	合计	人均人工成本
财务部							
采购部							
生产部							
人力资源部							
……							
总计							
填表说明	人数是指每一月度末的人数；社保指由公司支付的社会保险部分；其他是指由公司支付的奖金、加班费、特别津贴等费用						

续表

人工成本说明：

1.

2.

3.

4.

……

六、人力资源重点工作

（一）本月人力资源重点工作完成情况

序号	重点工作内容	完成情况说明	备注
填表说明	重点工作是指阶段性的对部门的绩效产生重大影响的部门关键指标性工作，并非日常工作		

（二）下月人力资源重点工作计划

序号	工作计划	完成标准	备注
填表说明	完成标准是指完成的时间点、完成的数量、质量、结果、效果等		

我在审阅人力资源月报时，会重点关注以下几项：

1.______________________________

2.______________________________

3.______________________________

4.______________________________

……

九、员工生日会

员工生日会，有的是以月为周期，有的是以季度为周期，就是为该月或该季度中所有过生日的员工举办集体生日会。这也是公司一种人性化福利的体现，往往可以赢得员工喜欢。

因此，人力资源经理可以对员工生日进行统计，然后按月划分，以免出现遗漏。最好是制作一个员工生日统计表，如表3-19所示。

表3-19　员工生日统计表

月份：

序号	姓名	出生日期	备注
经费预算： 举办地点： 活动形式： 负责人：			
说明	备注栏内可以填写员工特长、爱好等，举办活动注重与员工实际情况结合，重视互动效果		

管理心得

管理心得，其实是人力资源经理对自己个人工作的总结。可以是对某一个事件的看法，也可以是某一工作的实施计划；可以是成功的经验，也可以是失败的教训。

我的月管理心得

已办事项	
未办事项	
待办事项	
通过这一个月的工作，我最大的收获是：	

第四章

季度工作安排与落实

引言

对于季度工作的安排，属于宏观性的，要对一个季度的重点事项做到心中有数。才能按照季度安排做好每月、每周甚至每一天的工作。

作为人力资源经理，每一季度重点工作都需要有所侧重。但是总的来说每一季度的工作中又有重复的事情。要想让自己更加从容应对，你可以将自己每一季度工作都做好安排。

一、制订季度工作计划

（一）季度重点工作指引

人力资源经理可以制订一个季度重点工作指引，将每个季度重点工作大致分列出来。然后再对每一个季度工作进行具体安排，表4-1是某公司人力资源经理的季度工作重点指引。

表4-1 季度重点工作指引表

季度	重点工作	备注
一	1.制订年度计划 2.管理层员工招聘 3.管理层员工培训 ……	
二	1.岗位工作分析 2.应届毕业生招聘 3.年中绩效考评、新员工入职培训 ……	
三	1.主管在职培训 2.经理在职培训 3.薪酬福利设计 ……	
四	1.员工关系管理 2.员工异动管理 3.年终总结及下年度的安排 ……	

当然，你可以根据自己实际情况来编制一份自己的季度重点工作指引表。

表4-2　我的季度重点工作指引表

季度	重点工作	备注
一	1. 2. 3. ……	
二	1. 2. 3. ……	
三	1. 2. 3. ……	
四	1. 2. 3. ……	

（二）季度工作计划

人力资源经理确定了每一个季度的重点工作之后，就要制订具体每个季度的工作计划。表4-3是某人力资源经理的季度工作计划表。

表4-3　季度工作计划表

序号	工作内容	阶段目标	目标达成时间			责任人
			一月	二月	三月	
1	了解招聘需求		○			
2	员工招聘		○			
3	新员工入职培训			○		
4	新员工试用考评			○	○	
5	新员工转正办理				○	
…	……					

可以看出，该人力资源经理该季度工作重点是新员工招聘录用以及培训。现在，你也可以根据自己这个季度的工作重点来制作一份季度工作计划表。

表4-4　我的季度工作计划表

序号	工作内容	阶段目标	目标达成时间			责任人
			一月	二月	三月	

二、审核工作说明书

作为人力资源经理，要对各岗位的工作说明书进行审核。

（1）工作说明书一般包括岗位基本信息、岗位概述、岗位职责、岗位任职条件等。人力资源经理在审核时要看是否符合实际情况。

（2）工作说明书会用到员工招聘、员工培训等活动中，因此人力资源经理要认真审核，以免影响其他相关工作。

以下是某公司总经理岗位说明书，仅供参考。

【范例11】

××光电技术有限公司总经理岗位说明书

注："%"指每一项工作职责在职位承担者的总工作时间中所占的百分比。

职位名称	总经理（总裁）	职位代码		所属部门	
职系		职等职级		直属上级	董事会
薪金标准		填写日期		核准人	

续表

职位概要	制订和实施公司总体战略与年度经营计划；建立和健全公司的管理体系与组织结构；主持公司的日常经营管理工作，实现公司经营管理目标和发展目标
工作内容	（1）____%根据董事会或集团公司提出的战略目标，制定公司战略，提出公司的业务规划、经营方针和经营形式，经集团公司或董事会确定后组织实施 （2）____%主持公司的基本团队建设、规范内部管理 （3）____%拟订公司内部管理机构设置方案和基本管理制度 （4）____%审定公司具体规章、奖罚条例，审定公司工资奖金分配方案，审定经济责任挂钩办法并组织实施 （5）____%审核签发以公司名义发出的文件 （6）____%召集、主持总经理办公会议，检查、督促和协调各部门的工作进展，主持召开行政例会、专题会等会议，总结工作、听取汇报 （7）____%主持公司的全面经营管理工作，组织实施董事会决议 （8）____%向董事会或集团公司提出公司的更新改造发展规划方案、预算外开支计划 （9）____%处理公司重大突发事件 （10）____%推进公司公司文化的建设工作
任职资格	**教育背景：** ◆公司管理、工商管理、行政管理等相关专业硕士以上学历 **培训经历：** ◆接受过领导能力开发、战略管理、组织变革管理、战略人力资源管理、经济法、财务管理等方面的培训 **经验：** ◆10年以上公司管理工作经验，至少5年以上公司全面管理工作经验 **技能技巧：** ◆熟悉公司业务和运营流程 ◆在团队管理方面有极强的领导技巧和才能 ◆掌握先进公司管理模式及精要，具有先进的管理理念 ◆善于制定公司发展的战略及具备把握公司发展全局的能力 ◆熟悉公司全面运作，公司经营管理、各部门工作流程 ◆具有敏锐的商业触觉、优异的工作业绩 ◆良好的中英文写作、口语、阅读能力

续表

任职资格	◆具备基本的网络知识 ◆熟练使用办公软件 **态度：** ◆具有优秀的领导能力、出色的人际交往和社会活动能力 ◆善于协调、沟通，责任心、事业心强 ◆亲和力、判断能力、决策能力、计划能力、谈判能力强 ◆为人干练、踏实 ◆良好的敬业精神和职业道德操守，有很强的感召力和凝聚力
工作条件	工作场所：办公室 环境状况：舒适，无明显的节假日 危险性：基本无危险，无职业病危险

直接下属__________ 间接下属__________

晋升方向__________ 轮转岗位__________

我在审核岗位工作说明书时，主要查看要项包括：

1.____________________

2.____________________

3.____________________

4.____________________

……

三、季度绩效考评

在进行绩效考评前，我们先一起来看一个案例：

“张经理，你这次考评指标是怎么制定出来的，现在我们部门已经有四位销售员提出了辞职。你这叫我后期怎么开展工作啊!”一大早，销售部王经理怒气冲冲地走进人力资源部张经理的办公室。对王经理这副“势头”，张经理连忙起身向王经理倒一杯水并请他坐下来慢慢讲。

上周，张经理接到总经理指示，要求其对全体员工过去三个月的绩效进行考评。张经理考虑到公司下一阶段的战略目标是去年刚刚制定。因此调出各部门岗位的工作分析说明书，并从中提取出各项绩效考评指标，然后将岗位分析说明书提取的指标与去年分解的考评指标进行整合。

为了确保考评的公平公正性，张经理亲自把关每一张绩效考评表再交付打印。然而，销售部门的近七成人员拒绝参与本次绩效考评，并扬言要离开公司，其中有4人立马向王经理交了辞职申请。原来是本次绩效考评指标根本就不符合公司目前的销售处境，很多绩效指标呈“虚高”态势。面对军心大乱，就看到了开始一大早的一幕。

不知道你在绩效考评中是否遇到过这样的情形，辛辛苦苦做的绩效考评方案，结果却造成不愉快，甚至差点儿影响到公司正常经营。由此，也可以看出绩效考评的重要性。

人力资源经理可以设定季度绩效考评表，来统一考评各种指标和标准。表4-5是某公司季度员工绩效考评表，仅供参考。

表4-5　第___季度员工绩效考评表

被考评人姓名：　　　　被考评人部门/职位：　　　　考评时间：

被考评人述职报告：	
部门负责人综合评价（指出其优缺点和指导绩效改进计划）： 评分：	负责人：
考评小组综合评价（指出其优缺点和指导绩效改进计划）： 评分：	负责人：

续表

本次考评成绩：取部门负责人和考评小组评分的平均分 季度考评成绩：月度考评成绩分数（取本季度三个月平均分）____分×70%+本次考评成绩分数____分×30%=____分
季度考评的作用与结果运用： （1）对上季度工作的总结，有利于改进和提高下季度工作 （2）与季度奖金挂钩，低于60分无季度奖金 （3）作为年终考评的重要指标 （4）作为加薪和晋升的重要指标

（一）确定考评时间

人力资源经理在进行绩效考评时，确定绩效考评时间，不同人员的考评周期是不一样的。表4–6是某公司人力资源经理制定的绩效考评时间，仅供参考。

表4–6 绩效考评时间

考评时间	考评类别	考评实施时间	考评结束时间	考评对象
1月1日～12月31日	年度考评	1月5日	1月20日	所有人员
每个季度	季度考评	下个季度第一个月上旬		所有人员
每月	月度考评	次月的前三天		销售人员

在此，将对绩效考评相关知识进行一个简单的介绍。季度考评与其他考评许多工作，如设置绩效考评指标、考评内容、考评标准等是可以相互转化的，只是在时间跨度上有一定的差异。

（二）审核绩效指标

在确定考核时间之后，人力资源经理要对设置的各项绩效考核指标进行审核，看是否符合实际情况。

（三）公布考核方案

为了让全体员工清晰考核的程序与作用，因此在考核前必须公布考核方案。考核方案包括考核内容、考核标准、考核目的、考核流程。

【范例12】

××公司考核前的通知

各位同事：

根据公司总部最新指示，为了提高各位同事各种热情，更公平合理地评价各位同事的工作质量。今决定在我公司推行目标考核管理，望各位同事紧密配合。具体内容请看附件资料。

人力资源部

××××年××月××日

（四）收集考核信息

为规范绩效考核信息的收集工作，可事先制定作业指导书，用以指导相关人员的收集作业。作业指导书须包括作业内容、责任人、记录表单、相关流程等内容。以下提供一份作业指导书供参考。

表4-7　生产计划准交率绩效考核数据收集作业指导书

编号：　　　　　　　　　　　　发行日期：

考核指标	生产计划准交率		被考核部门	各车间
数据收集部门	计划物控部		数据收集责任人	计划员
数据收集步骤				
序号	作业内容	责任人	记录表单	相关流程
1	由各生产车间每天提供入库报表至各相应计划员	各车间统计员	“成品入库单”、“材料／半成品进仓单”	“生产管控程序”、“生产制令单作业流程”、“成品进仓作业流程”、“五金自制件交接管理办法”
2	各计划员将相应数据输入生产计划准交率统计表	计划员	“生产计划准交率统计表”	“生产管控程序”、“生产制令单作业流程”

续表

<table>
<tr><th>序号</th><th colspan="2">作业内容</th><th colspan="2">责任人</th><th>记录表单</th><th>相关流程</th></tr>
<tr><td>3</td><td colspan="2">各计划员根据每天的计划交货批数与实际交货批数对比，并以每批的最后一件产品入库时间计算准交率</td><td colspan="2">计划员</td><td>“生产计划准交率统计表”</td><td>“生产管控程序”、“成品进仓作业流程”</td></tr>
<tr><td>4</td><td colspan="2">根据每天的准交率统计明细，每周、每月进行汇总</td><td colspan="2">计划员</td><td>“生产计划准交率统计表”</td><td>“生产管控程序”、“生产制令单作业流程”</td></tr>
<tr><td>5</td><td colspan="2">计算完成后交各厂长确认，确认后交计划物控经理审核、报总经理批准</td><td colspan="2">计划员</td><td>“生产计划准交率统计表”</td><td>“生产管控程序”</td></tr>
<tr><td>6</td><td colspan="2">每月按“绩效考核管理办法”的要求进行数据提报、传递到人力资源部</td><td colspan="2">计划物控部经理</td><td>“部门绩效考核统计表”</td><td>“绩效考核管理办法”</td></tr>
<tr><td>备注</td><td colspan="6"></td></tr>
<tr><td rowspan="2">会签</td><td>计划物控部</td><td colspan="2">生产厂长</td><td>生产主管</td><td>总经理</td><td>……</td></tr>
<tr><td></td><td colspan="2"></td><td></td><td></td><td></td></tr>
</table>

（五）绩效面谈

人力资源经理在与员工进行绩效面谈时，要注意收集员工对绩效考评的各种意见和建议，以便运用到下一次考评中。

员工对这次绩效考核，主要有以下几点意见：

1.________________________________

2.________________________________

3.________________________________

4.________________________________

……

四、接受内部审计

人力资源经理在接受公司审计部门的内部审计时，要做好各项准备工作，配合审计部门的审计工作。可以将需要准备资料列成一个清单，如表4-8所示。

表4-8 内部审计准备资料清单

序号	资料	是否准备好
1	招聘方面	□是 □否
2	录用方面	□是 □否
3	晋升方面	□是 □否
4	考核方面	□是 □否
5	培训方面	□是 □否
…		

五、员工满意度调查

人力资源经理可以对员工满意度进行调查，来了解员工工作情况，及时发现问题并进行解决。

工作提示

人力资源经理要明白不要轻易做员工满意度调查，如果做了对于员工提出问题就一定要解决，否则不但达不到目的，反而容易引发员工不满。

以下是某公司员工满意度调查问卷，仅供参考。

【范例13】

员工满意度调查问卷

尊敬的员工：

您好！我们正在进行旨在提高公司管理水平，更好适应未来发展的研究项目。在此项目中需要了解公司的客观情况、员工的真实想法。您的见解和意见对于公司未来发展至关重要，问卷匿名填写，公司将以严谨的职业态度对您的状况严格保密，并送往咨询公司。只在咨询顾问范围作统计和建议依据使用。请您认真填写问卷，感谢您的积极支持和参与。

请根据自己的实际想法进行回答，不必受他人影响。答案没有正确与错误之分。请在各问题旁边的最能代表您的看法的一个数字上画钩。如果您不了解某一个问题或觉得这个问题与自己无关，可以跳过此题。（本问卷全部为单选，复选无效！）

一、关于您

1.您在公司的年资：□未满一年 □1～2年 □2～4年 □4年以上

2.您在公司担任的职位：□经纪人 □中层管理人员（主任、主管） □销售辅助人员

3.您担任现职位多久？□3个月以内 □3个月以上至1年 □1～2年 □2年以上

二、调查问题

请指出您对下列陈述同意或不同意的程度：非常同意A；同意B；没意见C；不同意D；非常不同意E。

（一）对工作本身满意度

请就您个人的看法，选择合适的分数。

（ ）1.公司目前提供给我的工作符合自己的期望。

（ ）2.在工作过程中我经常感到很紧迫。

（ ）3.我能为我的能力得到了充分的发挥。

（ ）4.我很喜欢目前公司提供给我的工作。

（ ）5.公司提供我很多的学习机会。

（ ）6.我接受的培训正是我所需要的。

（　）7.我清楚地了解我工作的职责和任务。

（　）8.在工作中，若有重大的事情会影响我的工作，经常会有人征求我的意见。

（　）9.有些属于我的职权范围内的工作我却无负责。

（　）10.必要时，我可以根据自己的实际情况，灵活地调整个人工作日程。

（　）11.我有权制定必要的方案，以便工作的开展。

（　）12.目前的工作对我来说很有挑战性。

（　）13.目前的工作压力我是可以承受的。

（　）14.工作压力主要是来自任务量太大、难度太高。

（　）15.工作的压力主要来自个人兴趣与任务不同。

（　）16.我认为自己拥有足够的能力和技巧完成工作任务。

（　）17.我认为自己拥有足够的自信完成工作任务。

（　）18.在公司内，我感觉还有更适合我的工作。

（　）19.我很愿意接受比目前难度更大的工作。

（二）对工作回报满意度

（　）20.距上一次我受表扬已经过了很久了。

（　）21.过去半年里，有人讨论我的进步。

（　）22.当我工作做出成绩时，上级通常会给予我表扬。

（　）23.在工作中，我的意见经常得到上司的重视。

（　）24.我能够从自己的工作中体验到一种成就感。

（　）25.我对目前的工作感到很满意。

（　）26.我能够在公司的业绩和服务中看到自己的工作成果。

（　）27.公司的考核制度能够充分体现我的绩效和表现。

（　）28.与公司其他的员工相比，我对自己的收入感到很满意。

（　）29.与外单位的同行相比，我对自己的收入感到很满意。

（　）30.与外单位的朋友相比，我对自己的收入感到很满意。

（　）31.与自己的付出相比，我对自己的收入感到很满意。

（　）32.我的绩效能对我的收入产生重大的影响。

（　）33.公司的绩效好坏能对我的收入产生重大的影响。

（　）34.我了解公司如何确定员工薪酬调整的幅度。

（　）35.我知道公司有一套完善的薪酬管理体系。

（　）36.公司有明确的员工晋升流程。

（　）37.我非常清楚我在公司能够获得的职业发展机会和方向。

（　）38.在公司得到晋升的员工都是应该得到晋升的。

（　）39.公司职业发展的机遇总是先给最适合的人。

（　）40.公司职业发展的机遇总是先给和领导关系最好的人。

（　）41.公司空缺岗位的填补往往忽略了内部员工。

（三）对工作环境满意度

（　）42.公司提供了非常好的办公条件。

（　）43.公司有严格的作息制度。

（　）44.公司对上下班有明确的规定。

（　）45.公司给我提供了必备的办公设备。

（　）46.公司提供我的福利是其他公司不容易做到的。

（　）47.我对公司处理雇员福利的方式感到很满意。

（　）48.我对自己在公司内的人际关系感到满意。

（　）49.我经常能感受到上级和同事对我工作的关心。

（　）50.我的上级支持我平衡个人工作与生活方面的需求。

（　）51.我和同事间的矛盾和误会比较多。

（　）52.公司通过一个有效的程序帮助我了解自己的发展需求。

（　）53.业务时间，我经常和同事一起外出。

（四）对工作群体满意度

（　）54.通常情况下，我的同事都表现出积极的工作态度。

（　）55.为实现同一目标，我的同事能紧密合作。

（　）56.我很清楚我的工作是如何同本组织中的其他员工保持协调一致。

（　）57.我的同事能够尊重我的想法和感受。

（　）58.公司部门和岗位之间分工非常明确，职责清楚。

（　）59.我工作所需的资料通常能够准备妥当供我使用。

(　) 60.在工作中，我知道在何处能获得的需要信息。

(　) 61.我的工作由于获取不到必要的资料而被耽误。

(　) 62.为获得必要信息资料，我不得不找多个主管审批。

(五) 对企业的满意度

(　) 63.总的来说，我对公司非常满意。

(　) 64.公司是同行业中的佼佼者，我为自己能够在公司工作感到自豪。

(　) 65.公司的文化和目标给我提供了非常明确的发展方向。

(　) 66.本公司是同行业中发展最快速的公司。

(　) 67.我对公司内部各项管理制度非常了解。

(　) 68.公司各项管理制度能够得到严格的执行。

(　) 69.各项制度在执行中保证了公平性。

(　) 70.公司制订的各项管理制度中不合理的地方很少。

(　) 71.高层管理人员在制定决策的过程中高度重视员工的意见和建议。

(　) 72.高层管理人员遵照公司使命和价值观来制定决策。

(　) 73.我的部门经理向我们采用开放而诚恳的沟通方式。

(　) 74.必要时，我可以同部门主管直接进行沟通。

(　) 75.在我的部门，上级制定决策时非常重视员工的意见和建议。

(　) 76.我的上司在工作中会不断采纳我的意见和建议。

(　) 77.高层管理人员值得员工信任。

(　) 78.高层管理人员关心员工的想法。

(　) 79.高层管理人员向我们采用开放而诚恳的沟通方式。

(　) 80.我的上司不断地提醒我目标的进展情况。

(　) 81.我的上司向我提供重要的改进意见，以帮助我提高绩效。

(　) 82.我的上司非常理解我的工作，所以才能公平评估我的工作业绩。

(　) 83.我的上司能适当地表彰我的努力和成果。

(　) 84.我的上司营造一种积极的团队氛围。

(　) 85.当我遇到问题或有困难时，我的上司可以帮助我解决。

(　) 86.我从不相信上司的承诺。

(　) 87.我的上司公平对待所有的员工。

（　）88.我的上司针对我个人的职业发展提供重要的指导。

（　）89.我的上司一直注重持续不断地学习和发展。

三、开放问题

1.如果您还希望针对这份调查问卷中的相关话题发表其他见解，请将您的意见写在下列空白处（如公司、工作、环境、人员）：

2.与您可能任职的其他公司相比，总体来说，您如何评价公司？

3.您认为目前公司存在哪些问题？其中最迫切需要解决的三个问题是什么？

六、处理劳动合同相关事务

人力资源经理要定期检查劳动合同相关事务，如劳动合同签订、续订等。因为员工试用期满后，一定要与其签订合同，以免引来后续问题。

（一）签订劳动合同

人力资源经理可以各地劳动行政部门推荐使用劳动合同的示范文本为基础，根据公司的实际情况进行修订和补充，使其更符合实际情况。

如果有的员工拒绝签订劳动合同，我会这样处理：

1.______________________________

2.______________________________

3.______________________________

4.______________________________

……

在与员工签订劳动合同前，人力资源经理要将签订劳动合同通知书送到员工手中。以下是某公司的签订劳动合同通知书，仅供参考。

【范例 14】

员工满意度调查问卷

×××：

本公司决定与你订立劳动合同，请你在收到本通知后于____年___月___日前到人力资源部，按照《中华人民共和国劳动合同法》有关规定，协商订立劳动合同。逾期不签订，本单位将与你终止劳动关系。

公司：__________________　　签收人：__________________

____年___月___日　　____年___月___日

备注：此一式两份，甲乙双方各执一份。

以下是某公司订立的劳动合同，仅供参考。

【范例 15】

劳动合同范本

甲方（用人单位）：　　乙方（劳动者）：

名称：　　姓名：

法定代表人（主要负责人）：　　身份证号码：

经济类型：　　户籍地址：

通信地址：　　通信地址：

联系电话：　　联系电话：

根据《中华人民共和国劳动法》《中华人民共和国劳动合同法》和国家及

省的有关规定，甲乙双方按照合法、公平、平等自愿、协商一致、诚实守信的原则订立本合同。

一、劳动合同期限

（一）合同期限

双方同意按以下第____种方式确定本合同期限：

1.固定期限：从____年___月___日起至____年___月___日止。

2.无固定期限：从____年___月___日起至法定终止条件出现时止。

3.以完成一定工作任务为期限：从____起至____工作任务完成时止。该工作任务完成的标志为________________。

（二）试用期限

双方同意按以下第____种方式确定试用期（试用期包含在合同期内）：

1.无试用期。

2.试用期从____年___月___日起至____年___月___日止。

（劳动合同期限三个月以上不满一年的，试用期不得超过一个月；劳动合同期限在一年以上不满三年的，试用期不得超过两个月；三年以上固定期限和无固定期限的劳动合同，试用期不得超过六个月。）

二、工作内容和工作地点

（一）乙方的工作部门为__________，岗位（管理技术岗位或生产操作岗位）为__________，职务（或工种）为____________。

（二）乙方的工作任务或职责是______________。

（三）乙方的工作地点为________________。

（四）甲方在合同期内因生产经营需要或其他原因调整乙方的工作岗位，或派乙方到本合同约定以外的地点、单位工作的，应协商一致并按变更本合同办理，双方签章确认的协议书作为本合同的附件。

三、工作时间和休息休假

（一）甲乙双方同意按以下第 种方式确定乙方的工作时间：

1.标准工时工作制，即每日工作____小时，每周工作____天，每周至少休息一天。

2.不定时工作制，即经劳动保障部门审批，乙方所在岗位实行不定时工作制。

3.综合计算工时工作制，即经劳动保障部门审批，乙方所在岗位实行以____为周期，总工时为____小时的综合计算工时工作制。

（二）甲方因生产（工作）需要，经与工会和乙方协商后可以延长工作时间。除《中华人民共和国劳动法》第四十二条规定的情形外，一般每日不得超过一小时，因特殊原因最长每日不得超过三小时，每月不得超过三十六小时。

（三）甲方按规定给予乙方享受法定休假日、年休假、婚假、丧假、探亲假、产假、看护假等带薪假期，并应按本合同约定的工资标准支付工资。

四、劳动报酬

（一）乙方正常工作时间的工资按下列第____种形式执行，并不得低于当地最低工资标准。

1.计时工资

（1）乙方正常工作时间工资按______执行，初始工资额为______元/月或______元/时。

（2）乙方试用期工资为____元/月（试用期工资不得低于甲方相同岗位最低档工资或者本合同约定工资的80%，并不得低于甲方所在地的最低工资标准）。

2.计件工资

（1）计件单价________。

（2）劳动定额________（确定的劳动定额原则上应当使本单位同岗位70%以上的劳动者在法定劳动时间内能够完成）。

3.其他形式（如实行年薪制或者按考核周期支付工资）：__________。

4.甲方根据本单位的生产经营状况、物价水平和政府颁布的工资增长指导线等情况，依法确定本单位的工资分配制度。经甲乙双方协商或者以集体协商的形式，依法确定工资正常增长的具体办法和幅度。

（二）乙方的绩效薪酬或奖金的计发办法为：____________。

（三）乙方的津贴、补贴的发放标准和办法为：____________。

（四）工资必须以货币形式支付，不得以实物及有价证券替代货币支付。

（五）甲方每月____日发放______（当月/上月）工资。如遇法定休假日或休息日，则提前到最近的工作日支付。

（六）甲方依法安排乙方延长工作时间或者在休息日、法定节假日加班的，应按《中华人民共和国劳动法》、《××省工资支付条例》的规定支付加班工资，但乙方休息日加班被安排补休的除外。

五、社会保险和福利待遇

（一）合同期内，甲方应按国家、省和本地区的有关规定，依法为乙方办理参加养老、医疗、失业、工伤、生育等社会保险的手续，按规定的缴费基数和缴费比例缴纳应由甲方承担的社会保险费，并按规定从乙方的工资中代为扣缴应由个人承担的社会保险费。甲方应将为乙方办理参加社会保险手续和扣缴社会保险费的情况如实告知乙方。

（二）乙方患病或非因工负伤，甲方应按国家和地方的规定给予医疗期和医疗待遇，按医疗保险及其他相关规定报销医疗费用，并在规定的医疗期内支付病假工资或疾病救济费，数额为____元/月（不低于当地最低工资标准的80%）。

六、劳动保护、劳动条件和职业危害防护

（一）甲方按国家和省有关劳动保护规定提供符合国家劳动卫生标准的劳动作业场所，切实保护乙方在生产工作中的安全和健康。如乙方工作过程中可能产生职业病危害，甲方应如实告知乙方，并按《职业病防治法》的规定保护乙方的健康及其相关权益。

（二）甲方根据乙方从事的工作岗位，按国家有关规定，发给乙方必要的劳动保护用品，并按劳动保护规定______（年/季/月）免费安排乙方进行体检。

（三）甲方按照国家、省和当地的有关规定，做好女职工的劳动保护和保健工作。

（四）乙方有权拒绝甲方的违章指挥、强令冒险作业，对甲方及其管理人员漠视乙方生命安全和身体健康的行为，有权对甲方提出批评并向有关部门检举、控告。

（五）乙方患职业病、因工负伤或者因工死亡的，甲方应按《工伤保险条例》的规定办理。

七、合同的变更

（一）任何一方要求变更本合同的有关内容，都应以书面形式通知对方。

（二）甲方变更名称、法定代表人、主要负责人或者投资人等事项，不影响本合同的履行。

（三）甲方发生合并或者分立等情况，本合同继续有效，由承继甲方权利和义务的单位继续履行。

（四）甲乙双方经协商一致，可以变更本合同，并办理书面变更手续。变更后的劳动合同文本由甲乙双方各执一份。

八、合同的解除和终止

（一）解除

1.经甲乙双方协商一致，本合同可以解除。其中由甲方提出解除本合同的，应按规定支付经济补偿。

2.有下列情形之一的，甲方可以解除本合同：

（1）乙方在试用期内被证明不符合录用条件的。

（2）乙方严重违反甲方规章制度的。

（3）乙方严重失职，营私舞弊，对甲方造成重大损害的。

（4）乙方同时与其他用人单位建立劳动关系，对完成甲方的工作任务造成严重影响，或者经甲方提出，拒不改正的。

（5）乙方以欺诈、胁迫的手段或者乘人之危，使甲方在违背真实意思的情况下订立或者变更劳动合同致使本合同或者变更协议无效的。

（6）乙方被依法追究刑事责任的。

（7）乙方患病或非因工负伤，在规定的医疗期满后不能从事本合同约定的工作，也不能从事由甲方另行安排的工作的。

（8）乙方不能胜任工作，经过培训或者调整工作岗位，仍不能胜任工作的。

（9）本合同订立时所依据的客观情况发生重大变化，致使本合同无法履行，经双方协商未能就变更本合同达成协议的。

甲方按照第（7）、第（8）、第（9）项规定解除本合同的，需提前三十日书面通知乙方（或者额外支付乙方一个月工资），并按规定向乙方支付经济补偿，其中按第（7）项解除本合同并符合有关规定的还需支付乙方医疗补助费。

3.有下列情形之一的，甲方在履行规定程序后，可以裁减人员，并按规定支付经济补偿：

（1）甲方依照《中华人民共和国企业破产法》规定进行重整的。

（2）甲方生产经营发生严重困难的。

（3）甲方转产、重大技术革新或者经营方式调整的。

（4）其他因劳动合同订立时所依据的客观经济情况发生重大变化，致使本合同无法履行的。

4.乙方解除本合同，应当提前三十日以书面形式通知甲方；在试用期内的，提前三日通知甲方。

有下列情形之一的，乙方可以解除本合同，甲方应按规定支付经济补偿：

（1）甲方未按照劳动合同约定提供劳动保护或者劳动条件的。

（2）甲方未及时足额支付劳动报酬的。

（3）甲方未依法为乙方缴纳社会保险费的。

（4）甲方未按规章制度违反法律、法规的规定，损害乙方权益的。

（5）甲方以欺诈、胁迫的手段或者乘人之危，使乙方在违背真实意思的情况下订立或者变更本合同，致使本合同或者变更协议无效的。

（6）甲方免除自己的法定责任、排除乙方权利，致使本合同无效的。

（7）甲方违反法律、行政法规强制性规定，致使本合同无效的。

（8）甲方以暴力、威胁或者非法限制人身自由的手段强迫乙方劳动，或者违章指挥、强令冒险作业危及乙方人身安全的。

（9）法律、行政法规规定乙方可以解除劳动合同的其他情形。

甲方有上述第（8）项情形的，乙方可以立即解除劳动合同，不需事先告知用人单位。

5.有下列情形之一的，甲方不得依据《中华人民共和国劳动合同法》第四十条、第四十一条的规定解除本合同：

（1）乙方从事接触职业病危害作业未进行离岗前职业健康检查，或者疑似职业病病人在诊断或者医学观察期间的。

（2）乙方在本单位患职业病或者因工负伤并被确认丧失或部分丧失劳动能力的。

（3）乙方患病或者非因工负伤，在规定的医疗期内的。

（4）女职工在孕期、产期、哺乳期的。

（5）乙方在本单位连续工作满十五年，且距法定退休年龄不足五年的。

（6）法律、行政法规规定的其他情形。

（二）终止

1.本合同期满或法定终止条件出现，本合同即行终止。

2.本合同因下列情形之一终止的，甲方应当按规定向乙方支付经济补偿：

（1）除甲方维持或者提高劳动合同约定条件续订劳动合同，乙方不同意续订的情形外，劳动合同期满的。

（2）甲方被依法宣告破产的。

（3）甲方被吊销营业执照、责令关闭、撤销或者甲方决定提前解散的。

（4）法律、行政法规规定的其他情形。

3.乙方有第八条第（一）项第五点情形之一，合同期满的，甲方应当续延乙方合同期至相应的情形消失时终止。但乙方在甲方患职业病或者因工负伤并被确认丧失或者部分丧失劳动能力的劳动合同的终止，按照国家和省有关工伤保险的规定执行。

（三）甲方违法解除或者终止本合同，乙方要求继续履行本合同的，甲方应当继续履行；乙方不要求继续履行本合同或者本合同不能继续履行的，甲方应按规定的经济补偿标准的2倍支付乙方赔偿金。

（四）合同解除或者终止的手续。

甲方应当在解除或者终止本合同时出具解除或者终止劳动合同的证明，并在十五日内为乙方办理档案和社会保险关系转移手续。

九、调解与仲裁

双方履行本合同如发生争议，可先协商解决；不愿协商或协商不成的，可以向甲方劳动争议调解机构申请调解；调解无效的，可在法定仲裁时效内向有管辖权的劳动争议仲裁委员会申请仲裁；也可以直接向劳动争议仲裁委员会申请仲裁。对仲裁裁决不服的，可在法定期限内向人民法院提起诉讼。

十、服务期与竞业限制

（一）如甲方为乙方提供专项培训费用，对其进行专业技术培训，双方作如下约定：__________。（乙方违反服务期约定的，应当按照约定向甲方支付违约金。违约金数额不得超过甲方提供的培训费用，并不得超过服务期尚未履行部分应分摊的培训费用）

（二）如乙方掌握甲方的商业秘密和与知识产权相关的保密事项，双方作如下约定：__________。（乙方负有保密义务的，甲方可与其约定竞业限制，并约定在解除或者终止本合同后，在竞业限制期限内按月给予乙方经济补偿。乙方违反竞业限制约定的，应当按照约定向甲方支付违约金。竞业限制的人员仅限于甲方的高级管理人员、高级技术人员和其他负有保密义务的人员。解除或者终止本合同后的竞业限制期限不得超过两年）

十一、其他

（一）本合同未尽事宜，按国家和地方有关政策规定办理。在合同期内，如本合同条款与国家、省有关劳动管理新规定相抵触的，按新规定执行。

（二）下列文件规定为本合同附件，与本合同具有同等效力：

1.________________________________。

2.________________________________。

3.________________________________。

4.________________________________。

（三）双方约定（内容不得违反法律、法规及相关规定，可另加双方签名或盖章的附页）：

甲方：（盖章）　　　　　　　　乙方：（签名或盖章）

法定代表人：

（或委托代理人）

年　月　日　　　　　　　　年　月　日

（二）劳动合同续订

当员工固定期限的劳动合同到期时，人力资源经理与员工双方就要对劳动合同的有效期限进行商谈，续订劳动合同。劳动合同续订时，人力资源经理要将续订通知书发放给员工。

人力资源经理在签订劳动合同续订时，要注意以下事项：在合同到期30日前书面通知员工，不得约定试用期。续延劳动合同的期限达不成一致意见的，其期限从签字这日起不得少于一年，或者按原条件履行。

七、社保办理情况

社保是公司必须给员工办理的福利，人力资源经理要了解社保办理情况。

表4-9　员工社保办理统计

新办	转入	转出	中止

（一）新进员工参保

要根据新进员工的具体情况而定，看看这个新进员工以前是否已经参保，如果有的话就按社保转入办理，如果没有就要按新参保进行处理。

新参保的处理，要求提供新进员工的身份证复印件以及单位与其签订的劳动合同，如果是转入的，则应该提供新进员工的身份证复印件、劳动合同还有新进员工原先单位（或个人）的停保单。

（二）中止或转出社保

如果有员工辞职、离职，则应要办理中止或者转出社保。如果是中止社保的缴纳，按规定要提供该员工的身份证复印件、解除劳动合同的证明；如果该员工的社保是转出的话，要提供该人的身份证复印件和接收单位出具的证明。

管理心得

管理心得，其实是人力资源经理对自己个人工作的总结。可以是对某一个事件的看法，也可以是某一工作的实施计划；可以是成功的经验，也可以是失败的教训。

我的季度管理心得

已办事项	
未办事项	
待办事项	
通过这一个季度的工作，我最大的收获是：	

第五章
年度工作安排与落实

引言

年终又到了，组织召开年度职工大会，各个部门及人员的年度绩效考核……

这个时候可以说是人力资源经理忙得团团转的时候。

其实，你也可以不用让自己显得如此忙碌，怎么办？

提前将年终各项工作做好安排，就可以让每件事情按照计划进行。当然，预留一定的时间来应对突发时间，可以让你更好地完成年终各项工作。

一、年终绩效考核

（一）分发绩效考核资料

考核一般按职能分为一般职能、主办职能、指导职能、监督职能。考核时对应各职能基准的资格来进行。人力资源经理应主动地将年度工作绩效考核资料分发给各部门负责人。

表5-1　一般、主办职能年终工作绩效考核资料

考核期间：自　　年　　月　　日至　　年　　月　　日

区分	评价项目			备注
分析评定	业绩成果依赖度	工作的质	业务的处理过程及其成果是否正确并可以依赖	
		工作的量	在规定的期间里的业务处理量是否符合基准与计划；工作的速度如何	
		报告	是否适时地将处理过程及结果简洁且具体地向上司报告	
		改善	是否着眼于现状的问题点，致力于工作改善或新的处理方法等	
		整理、整顿	是否经常清理工作所需的机器、工具、零件、材料、文件等，尽力做好保养维修	

续表

<table>
<tr><th>区分</th><th colspan="3">评价项目</th><th>备注</th></tr>
<tr><td rowspan="3">分析评定</td><td rowspan="3">工作态度</td><td>合作度</td><td>作为公司的一员，是否谋求与上司、同事及其他相关者之间的协调，尽力使工作顺利完成，达到公司整体的目的</td><td></td></tr>
<tr><td>热忱、积极度</td><td>积极完成本职工作，热忱地进行工作改善的程度如何</td><td></td></tr>
<tr><td>规律、勤怠度</td><td>是否出勤状况良好，遵守工作规律，不打乱工作秩序，以认真的态度不辞辛劳地工作</td><td></td></tr>
<tr><td colspan="3">综合成绩</td><td>综合考量上述分析评定的成绩，再记下综合成绩</td><td></td></tr>
<tr><td colspan="3">顺位</td><td>记下同一考核组内（同一职能、同一资格）的顺位</td><td></td></tr>
<tr><td colspan="3">备注</td><td></td><td></td></tr>
</table>

说明：（1）成绩调查要领为：①依每项分析评定的评价项目调查每个人在工作期间的职务完成状态；②将综合考量分析评定所得出的成绩记入综合成绩栏内。

（2）区分职能、资格、姓名在同一考核组（同一职能、同一资格）后记入。

表5-2　监督、指导职能绩效考核资料表

考核期间：自　　年　　月　　日至　　年　　月　　日

<table>
<tr><th>区分</th><th colspan="3">评价项目</th><th>备注</th></tr>
<tr><td rowspan="5">分析评定</td><td rowspan="5">业绩成果依赖度</td><td>业务完成度</td><td>依照各级方针，评量是否完成计划、目标所要求的任务，其成果的质与量是否达到期望的标准</td><td></td></tr>
<tr><td>企划、计划</td><td>分析、整合业务上会发生的事情与状况，并予以系统化；观察是否做好完成目的所必要的策略计划</td><td></td></tr>
<tr><td>领导、统御</td><td>是否提升员工或新进员工的技术与知识，协助其进行自我启发，谋求沟通，有效地达到目标</td><td></td></tr>
<tr><td>协调</td><td>是否与人协商，圆满地进行交涉或说服，达到所期望的目的</td><td></td></tr>
<tr><td>其他</td><td></td><td></td></tr>
</table>

续表

区分	评价项目			备注
分析评定	工作态度	合作度	作为公司的一员，是否谋求与上司、同事及其他相关者之间的协调，尽力使工作顺利完成，达到公司整体的目标	
		热忱、积极度	积极完成本职工作，热忱地进行工作改善的程度如何	
		规律、勤怠度	是否出勤状况良好，遵守工作规律，不打乱工作秩序，以认真的态度不辞辛劳地工作	
综合成绩			综合考量上述分析评定的成绩，再记下综合成绩	
顺位			记下同一考核组内（同一职能、同一资格）的顺位	
备注				

说明：（1）成绩调查要领为：①依每项分析评定的评价项目调查每个人在工作期间的职务完成状态；②将综合考量分析评定所得出的成绩记入综合成绩栏内。

（2）区分职能、资格、姓名在同一考核组（同一职能、同一资格）后记入。

（二）考核者开展考核

按公司绩效考核制度规定，各考核者按顺序对被考核者进行考核。

（三）统计、汇总成绩

员工考核结果应以职务编制的单位为基础，在各部门内调整后，再汇总成“工作成绩考核表”（表5-3）及“工作成绩考核结果一览表”（表5-4）。

表5-3　工作成绩考核表

考核期间：　　年　　月　　日至　　年　　月　　日

部门	姓名	职工编号	现职	资格	职能区分级	勤怠								考绩				学历	上次成绩
						病假	产假	事假	旷职	停职	迟到早退次数	换算日数	工伤	一次	二次	三次	核定		

表5-4　工作成绩考核结果一览表

部门：　　　　　　　　　　　　　　　　　　　　　　日期：

职能区分 \ 成绩 \ 人员		人员							
职能区分	成绩	S	A	B	C	D	E	F	小计
	百分比（%）	10	20	20	30	15	5	……	100
监督职	6级								
	5级								
	4级								
	小计								
指导职	5级								
	4级								
	3级								
	小计								
主办职	4级								
	3级								
	2级								
	小计								
一般职	3级								
	2级								
	1级								
	小计								
合计									

（四）考核资料运用

考核不是目的，应特别注意考核结果的运用。考核结果可提供大量有用信息，主要用处有：

（1）利用考核结果，帮助员工改进绩效，指出其不足和努力方向。

(2) 为人力资源部门的决策，如任用、晋级、提薪、奖励等提供依据。

(3) 检查公司管理的各项政策的合理性，如人员配置、员工培训方面做得是否正确有效，如何改进和完善等。

我一般会将年度绩效考核的结果，运用于以下方面：

1.______________________________

2.______________________________

3.______________________________

4.______________________________

……

当然，人力资源经理可以制作一份年终绩效考核方案，进行考核。以下是某公司年终绩效考核方案，仅供参考。

【范例16】

××公司年终绩效考核方案

一、考核目的及原则

（一）目的

1.及时、合理、有效地评价员工全年的工作业绩和素质能力，进一步统一思想，坚定信心，加快有效发展。

2.帮助员工提高工作绩效与工作胜任力，促进组织绩效的不断提高，建立适应企业发展战略的人力资源队伍。

3.促进管理者与员工之间的沟通与交流，形成积极参与、上下沟通的企业文化，增强企业的凝聚力。

4.为员工奖金评定、职位调整、培训安排及个人职业生涯规划等提供科学依据。

（二）考核原则

业绩导向原则、公平公正公开原则、沟通改进原则。

二、考核范围

本年终考核对象为试用期满的所有在岗员工，包括合同制员工和劳务派遣员工。试用（见习）期的新员工不参与本次考核。

三、考核组织

（一）公司成立年终绩效考核办公室

办公室主任：×××

办公室副主任：×××

成员：×××、×××、×××、×××

绩效考核办公室下设执行小组，组长由人力资源部经理担任，办公室的具体工作由人力资源部负责。

（二）年终考核在公司绩效考核办公室的指导下，在工会监督下，由人力资源部组织各部门实施。

（三）各部门应成立绩效考核小组，按照文件的规定，及时部署并开展考核工作，在时限要求之内完成年终考核工作并提交考核汇总结果给人力资源部。

四、考核方式

（一）考核要素

1.部门领导考核

（1）部门领导（含经理、副经理、助理）。

年终综合绩效考核要素分为部门绩效、领导班子评议、民主评议和附加项四部分，如下表所示。

年终综合绩效考核要素

序号	部分	权重	说明
1	结果	40%	取1～12月各部门每月绩效考核得分的平均分
2	领导班子评议	40%	由领导班子成员对各位管理人员分别就工作态度及责任心、专业能力、工作效果、改进创新、团队建设及培养下属、全局观、职业道德等方面进行综合评价打分。领导班子评分占比为：总经理占20%、分管领导占15%、其他领导占5%

续表

序号	部分	权重	说明
3	民主评议	20%	由管理人员之间、员工对管理人员的工作态度及责任心、专业能力、团队建设及培养下属、协作精神、全局观、职业道德等进行评价。其中，中层互评占10%、下属评议占10%。此项工作由人力资源部负责组织
4	附加项	（1）管理人员问责考核，主要对管理人员在经营管理活动和内控方面对公司持续健康和有效发展造成影响和损失的行为进行问责，以及对主管工作出现重大责任事故的行为进行问责。由公司领导班子评议，扣分上限为5分 （2）主要对管理人员在全年工作中作出了特殊贡献的、阶段性工作取得了突出成效的、或经营技术中的改革创新取得了成果创造了价值的。由公司领导班子评议，加分上限为5分	

（2）部门副职、部门经理助理。

部门绩效与部门领导相同，领导班子评议之前，但是权重为25%，部门正职（含主持工作副职）评议（占权重15%）：评议内容为工作态度及责任心、专业能力、工作效果、改进创新、团队建设及培养下属、配合协作、全局观等进行评价。

民主评议同部门领导。

2.员工考核

员工年终综合绩效考核要素分为结果、能力和态度三部分，如下表所示。

员工年终综合绩效考核要素

序号	部分	权重	说明
1	结果	70%	员工的实际工作成绩，主要考核员工工作计划及目标完成情况，原则上以员工1～12月的考核平均分作为员工年中考核的工作实绩成绩
2	能力	20%	员工个人的素质和基本技能与所在岗位的适应程度，主要考核员工的知识、技能、计划管理能力、独立完成工作的能力以及全局观和价值观等方面的能力与本岗位任职要求的匹配度
3	态度	10%	员工在工作中的主观能动性，主要考核员工工作积极主动、认真负责、诚实守信、协同合作的程度及遵守劳动纪律的情况等

（二）考核等级评定

考核结果统一分为A、B、C、D四个等级，A等为优秀，B等为合格，C等为基本合格，D等为不合格。各等级比例如下：

1.部门领导

部门领导考核结果评定等级的比例分布，如下表所示。

部门领导考核结果评定等级的比例分布

等级	A	B	C	D
比重	20%	55%	20%	5%
等级评定说明	（1）A ≤ 20%：即排序在前，比例不高于 20% 的人员可以评定为 A （2）A+B ≤ 80%：即排序在前，比例不高于 80% 且没有评为 A 的员工可以评定为 B （3）C+D ≥ 20%：评为 A、B 级以外的员工则评为 C 或 D，其比例之和不低于 20% （4）四个等级的具体比例按照前述原则由考核主体根据考核需要调整确定			

2.员工

以部门为单位，对员工考核成绩进行排序，从高分到低分，依次评定员工的年中考核结果等级A、B、C、D，员工考核结果评定等级的比例分布。

（1）先进集体给予 A、B 等级各提高 5% 的比例，先进部门员工考核结果评定等级的比例分布。

A	B	C	D
20%	50%	25%	5%

等级评定说明同上。

（2）其他部门：

员工考核结果评定等级的比例分布。

A	B	C	D
15%	45%	35%	5%

等级评定说明同上。

五、员工考核程序（部门领导的考核由人力资源部开展）

（一）自评

由被考核者按照预先设定的绩效计划、关键绩效指标和衡量标准对自己的工作目标完成情况进行总结、检查和评估。主要从工作业绩和素质能力两个方面进行自我评价，并提交给直接主管领导。

（二）部门考核

1.实行逐级考核。各级被考核者都由其直接主管领导对其进行绩效考核，参考员工自评情况，按照年终考核的三个要素对员工进行考核评价，并按照计算公式计算出员工××××年年终综合绩效考核成绩。

2.部门绩效考核小组对各级主管的评定进行集体审议。

3.部门负责人最终校正（有权对员工的考核结果进行调整）、确认员工绩效考核结果，并签字。

（三）上报考核结果

各部门将“公司年终绩效考核汇总表”于规定时间内报送人力资源部。由人力资源部汇总评定结果，并做好相应的归档工作。

六、考核的纪律要求

（一）各级管理人员和考核人员应本着公平公正、对员工负责的原则，对被考核者进行客观认真考核，严禁利用职权徇私舞弊，打击报复。

（二）各级管理人员和考核人员在考核过程中严禁弄虚作假、串通欺骗，一经查实，予以严肃处理。

（三）年终考核中凡需要亲属回避和公务回避的，有关人员应自觉回避。

七、考核结果反馈与申诉

考核结果由被考核者的直接上级向被考核者沟通反馈，肯定成绩，指出不足，并共同制定改进意见。员工对考核结果有异议时，可在考核结果反馈后3个工作日内向公司绩效考核办公室提出书面申诉意见，由考核办公室5个工作日内复核后确定最终考核结果。

八、考核结果的运用

考核结果作为员工岗位聘任、培训、绩效奖金发放的主要依据，考核的结论性材料存入员工考核档案。

对于考核为D的员工，部门负责人对其进行诫勉谈话，针对其工作中的不足进行分析，提出绩效改进计划，并填写“绩效考核D类员工绩效改进计划书”报到人力资源部，人力资源部将根据改进计划书进行后续绩效跟踪。

九、相关问题的说明

（一）调岗员工按照所在岗位时间相对长的部门为主要考核者，综合员工调出/入部门的考核意见，对员工进行整体评价并参加现所在部门的考核排序。

（二）考核期内休产假和长病假（不包括事假）时间在3个月及以上的人员，需参与绩效考核，但不参与排序和等级评定。

二、年度工作总结与下一年计划

年终总结包括人力资源经理个人和部门两种，这里讲的年终总结就是部门总结。当然，无论是哪一种，人力资源经理都不要忽视，我们先来看一个案例：

小李是某安防公司人力资源经理。该公司成立才两年。由于业务发展迅速，员工数量从最初的70多人扩展到现在的200多人。年终到了，总经理要他写一份年终工作总结。小李一下子紧张起来，去年就是因为年终总结写得太简单，结果被领导认为一年啥都没做，不但年终奖比别的部门经理少了一大截，而且险些让老板动了让他走人的心。

其实小李去年写总结的时候，虽然知道自己部门一年下来很辛苦，也取得了一些成绩。但总不好意思写进总结里去，所以就写得比较简单。结果……

其实，小李遇到的问题是具有普遍性的，一般会遇到如图5-1所示两种情形。

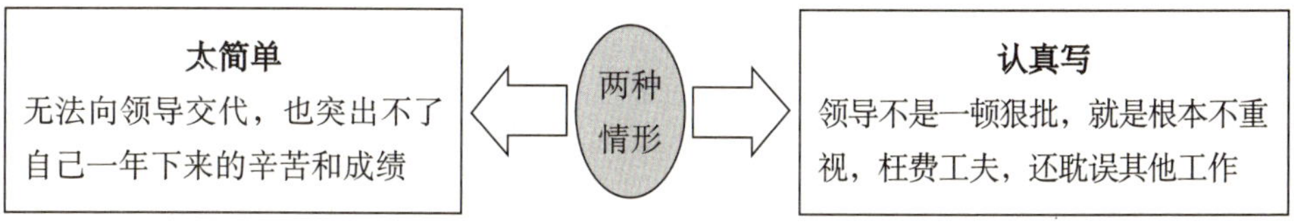

图5-1　年终总结的两种情形

因此，年终总结到底如何写才能引起领导的关注和重视，并能更好地指导来年的工作呢？这就是人力资源经理必须重视的问题了。

工作提示

年终总结既不能只有客观数据、理性分析的“一目了然”，也不能像纪实文学般的长篇报道，而应该是一个有系统性的报告，是一个能把形式和意图结合得很好的总结。

如果做到文、数、表、图综合运用，甚至是多媒体的演示，将要表达的核心思想准确、清晰、生动地呈现出来。会更能得到领导认可。当然，考虑到不同领导的风格偏好，也可以在形式与内容方面有不同侧重。

所有的形式都要为内容服务，要想全面系统地做好年终总结，一般来说，可按照下面几个方面来组织内容。

（1）工作业绩，包括人力资源各个职能所取得的成绩。

（2）部门和团队建设，包括人力资源部的制度建设，部门工作能力的提高、工作士气的提高、团队协作的改善等。

（3）跨部门合作，要把人力资源部和公司其他部门之间的配合合作情况反映出来。

（4）希望解决的问题，提出问题并提供相应的解决对策。对于实在是没办法解决的问题，必须明确提出解决问题需要的资源和支持。

（5）下一年度工作计划概述。

我在写年度工作总结和下一年工作计划时，常会遇到下列问题：

1.______________________________

2.______________________________

3.______________________________

4.______________________________

……

以下是某公司人力资源经理作的年终总结，仅供参考。

【范例 17】

某公司人力资源部年终总结

2010年，是公司飞速发展的一年。本部门在公司领导的正确指导下，在全体员工的共同努力下，紧紧围绕公司的经营方针，努力学习，积极工作，同心协力，完成上级和公司领导交给的各项工作任务。

第一部分:年度工作综述

人力资源部年度工作一方面通过考勤管理、劳动合同管理、入离职管理等，确保各项人事管理工作的合法性、规范性、高效性，另一方面通过建立员工培训计划、员工福利计划、员工奖金方案等，加强企业文化的贯彻和渗透，提升员工的凝聚力和归属感，提升员工的敬业度。

根据部门工作的安排，2010年从员工招聘到劳动关系等，做了很多基础工作。在员工关怀、薪酬福利等方面取得了一定的阶段性进展，使人力资源部工作进一步走向成熟。但同时，仍有很多工作没有开展或者不很完善，为此在2010年即将结束之际，重新审视完成的工作，总结经验和不足，以便于今后更好地开展工作。

第二部分:具体工作总结

本年度人力资源部主要完成以下五个方面的工作。

（一）招聘工作

2010年，随着公司的发展，各部门的空缺岗位较多，人员需求量较大并且需求相对紧迫，因此人力资源部在人员招聘工作方面投入了较多的时间和精力。本年度，在招聘方面主要应用的渠道有网络招聘、现场招聘、宣传海报招聘及内部员工介绍等。公司人事编制222人，累计至今日止，在职员工235人，超编13人。从5月至12月，累计入职员工132人，离职员工123人（图略）。

7月和11月人员流动量最大，离职人数的居高不下给招聘工作带来了一定被动性，要加强工作，控制离职率。

（二）培训与开发

培训工作一直是贯穿始终的。从新员工入职培训到管理层培训，从公司文化培训到业务技能培训，重在让员工真正学到用于实践、能创造效益的实操本领。

本年度7月制订了详细的培训计划，因成本控制等因素，公司培训以内训为主，培训人均为公司管理层。除期间因质检等工作，部分培训课程延迟外，培训基本上良好完成。

（三）绩效管理

1.本年度依照部门规定计划，于每周二及周五例行宿舍卫生质检。质检结果及时公布并评星级宿舍，检查中涌现出一大批质检成绩优秀的员工，均给予了奖励。卫生状况不良的员工也予以批评及相应罚款。

2.制定了管理层行政值班流程记录表，与值班记录本并行使用，旨在记录详略得当，有的放矢，重点突出。严格按流程执行和检查，强化了管理层值班工作，工作绩效明显。

3.为了将绩效与薪酬更好衔接，合理考核员工工作完成情况，并在薪资中得到体现，特改革过去绩效考核弊端，制定了新的绩效考核方案。

（四）薪酬管理

本部门的薪酬管理主要为每月制工资表，这是人力资源部的常规工作。

（五）劳动关系管理

1.本年度进行了劳动合同的大范围整理，将不规范的合同文本进行了重新签订。截至今日，共计在职员工劳动合同204份，其中，因文本不规范而改签合同148份，因合同到期而续签合同41份，原则上入职满一月即与新员工签订劳动合同。

2.本年度规范了入离职手续流程。入职需填具统一的应聘登记表，附上寸照、身份证复印件各2张，财务处交服装保证金，仓库处领取劳保用品，入职手续完毕。离职需提前一个月在人事处领取离职申请表，各部门签字报备，满一月后限周二或周五领取正式离职交接表及离职证明，直接上级部门负责人计算考勤，仓库劳保用品交接，人力资源部离职工资核算，财务部结算工资，离职手续完毕。一切流程均按规章制度严格执行。

3.本年度12月进行了一线员工体检，办理健康证共计41张，费用2050元，在当月工资中扣缴，办证满一年后全额报销员工健康证费用。

4.本年度累计发放员工生日福利物资金额约3000元，该项员工关怀措施得到员工一致好评，是企业“家”文化的具体体现，值得继续发扬。

5.本年度规定节假日与每月15日、30日发放水果福利，且在每日两顿员工餐外增加了宵夜一项，并自11月起，员工夜宵安排中加入糕点一项，累计投入金额1200元。员工餐工作进一步完善，这与领导的关怀和指导密不可分，且得到了员工广泛认可。

6.本年度每月均举行员工评优活动及团队士气大比拼活动，涌现出一大批优秀员工及部门团体。员工付出的努力得到肯定，调动了员工积极性和创造力，企业文化深入人心。

7.本年度7月组织了一次全体员工的农家乐活动。活动经费为4970元，公司管理层牵头，员工积极配合，度过了愉快的一天。员工在工作之余身心得到放松，纷纷表示，希望今后多开展此类活动。

第三部分：年度工作出现的问题及改进建议

人事管理工作按照岗位职责要求，为人力资源部的战略目标实现，发挥了作为人力资源部重要组成部分应有的作用，但是，在年度结束时，也仍有一些工作并未完成，同时在有些工作的推进过程中，也存在很多问题，为了更好地总结经验教训，促进以后工作更好地开展，现总结如下：

（一）人事招聘未完成指标

人事招聘未完成储备20人的指标，主要原因是薪资待遇偏低，难有竞争力和现有招聘渠道效果不大，未在人事招聘上作合理费用投资。

针对上述情况，可开发新渠道，如组织大中专院校现场招聘等；招聘人员加强责任心，抓主要矛盾，将更多精力放到人事招聘工作上来。

（二）培训工作成效不大

培训工作成效不大，主要原因包括以下三点：

（1）从领导至员工均未对培训予以重视，无论自上而下或是自下而上的方式均未深入人心，特别是员工对培训普遍缺乏认识，甚至因占用其休息时间而有抵触情绪。

（2）培训计划单薄空泛，之前无培训需求调查，之后无培训效果评估。

(3)执行力不强，部分课程因特殊原因顺延，而事后未按计划跟进，导致搁置。

根据原因，特列出以下三点建议：

(1)来年开展培训工作前进行员工动员大会，从员工到管理层都深刻认识到培训的重要性以及其能带来的效益，不要将其视为负担。

(2)从需求调查开始，严密制订培训计划，直至评估考核，善始善终。

(3)严格按计划开展工作，无论有何变因，均及时更改方案，切实执行，绝不找借口。

(三)缺乏员工沟通渠道

员工工作、生活各方面问题无法有效反映到管理层，导致人力资源部总是被动接受员工离职，无法在员工有情绪之前就及时疏导、排除。来年，建议管理层进一步打造沟通平台，定期进行员工访谈，重视员工的意见和建议，积极采取改进措施，取得员工对公司的信任，提高员工满意度，把员工关系工作做到实处。

(四)部门执行力有待提高

很多制度因各种因素未能真正执行下来，导致公司意志成为纸上谈兵。来年建议强化这一块。

(五)忽视细节

在本年度的工作中，并未真正做到“求真”、“求细”，特别是在工作的细节上未给予充分重视，如制工资表，导致了一些疏漏之处的出现，影响了整体工作质量。为此，今后的工作将在精细化工作方面深入学习，深刻检讨。在“细”上多下工夫，杜绝各种低级错误和疏忽的出现。

第四部分：2011年度工作计划

根据公司战略发展要求，根据对本年度各项工作完成情况以及出现的问题的分析和总结，人力资源部将在2011年度有计划、有侧重地开展各项工作，现将主要工作分解如下：

一、招聘与配置

本部门计划就以下几个方面来开展明年的招聘工作。

(一)完成公司各部门各职位的工作分析，为人才招聘与评定薪资提供科学依据。

（二）计划采取的招聘方式：以现场招聘会为主，兼顾网络、报纸、杂志、宣传、推荐等。其中现场招聘主要考虑××人才市场、××人力资源市场。还可以在2、3月考虑个别大型人才招聘会，6、7月考虑各院校举办的应届生见面会等；网络招聘主要为××人才网、××网等；宣传与推荐视具体需求和情况确定。

（三）具体招聘时间安排：2～3月，根据公司需求参加3～5场现场招聘会；6～7月，根据公司需求参加3～5场现场招聘会（含学校供需见面会）。平时保持与相关院校就业办联系，以备所需；根据实际情况变化，人力资源部在平时还将不定期参加各类招聘会；长期保持网上招聘，以储备可能需要的人才；报纸、杂志招聘暂不作具体时间安排；熟人推荐暂不列入时间安排。

（四）实施招聘注意事项

1.招聘前应做好准备工作：与用人部门沟通，了解特定需求；招聘广告（职位与要求）的撰写；公司宣传品；必要文具；应聘登记表；招聘人员的形象和素质要求。

2.安排面试应注意：面试方法的选定；面试人的选定；面试题的拟订；应聘登记表的填写；面试人的形象；面试结果的反馈。

（五）招聘实施需支持与配合的事项和部门

1.在2011年目标制定时将公司人力资源总规划告知人力资源部，各部门也应将本部门人力需求预测上报，以便人力资源部合理安排招聘工作。

2.后勤部应根据公司2011年人力需求预测数量做好后勤保障的准备，特别是宿舍、工装和劳保用品供应等，务必跟上人力招聘需求，不能出现脱节。

二、培训与开发

在2011年，随着公司规模迅速扩张，对人才的需求提出新的要求：一是人才的数量要求增加，需要增加大量的管理人员及普通员工；二是对现有人员的素质提出了新的要求，原有的管理方法有待于改善，原有的业务技能有待提高。公司员工数量的增加，对公司的企业文化、凝聚力也提出了新的问题，如何深入宣导企业文化、提高员工技能以及对企业的凝聚力是该培训计划所要面临的一个重要课题。

（一）年度培训计划需求调查结果分析

1.基层员工培训需求调查结果总结。

2.中层管理者培训需求调查结果总结。

3.高层管理者培训需求调查结果总结。

（二）年度培训计划的目标

1.完善基层员工的培训课程，加强培训，显著提高基层员工的专业知识、服务技能。

2.执行人才开发计划，培养一批公司急需的中层管理者。

3.提高现有中层管理者的职业素质与管理技能。

4.进行内部团队建设培训，加强部门、员工的沟通。

5.积极宣传企业文化，增强员工对企业的认同，提高企业对员工的凝聚力。

（三）培训计划

具体培训项目，见下表。

培训计划

培训内容	培训人	培训周期	预期效果
新员工入职培训	人力资源部	每月一次	让新员工了解公司的企业文化，熟悉掌握企业的各种环境及基本常识
员工团队凝聚力	店长	每季度一次	培训员工的服务意识，激发员工活力，培养员工动脑及团结精神
员工业务技能培训	各部门经理及主管	每周培训二次 每月考试一次	让员工掌握业务技能，并提高服务品质
员工业务技巧培训	部门经理	每月二次 每月考试一次	让员工掌握处理工作中的各种技巧，提高客户满意度
管理层培训	店长	每月一次	培养管理层工作中的协调能力及检查督导能力，如何将工作有效完成
激励培训	总经理或外聘	每月一次	有效激发员工潜能，培养员工对企业的忠诚度
其他		每季度一次	针对店内各岗位需要进行培训

（四）培训计划考核与业绩评价方法

通过以下指标的测评，来评估整个培训工作的效果：

1.培训体系运行计划评价指标有以下三项

（1）培训内容开发数量。目前拟开发培训内容为七类。

（2）内部培训师数量与技能。

（3）培训制度及人员体系完善状况。

2.人才开发计划执行评价指标为人才培养数量与公司人才需求满足程度。目前基层人员108人，中层管理人员20人，均需参加培训与考核。

3.培训计划课程实施的评价指标有以下四项：

（1）培训课程实施的数量。

（2）员工素质及技能提高的程度。

（3）员工满意度及士气。

（4）员工工作行为的改变与工作效率的提高情况。

人力资源部门在跟进培训过程中，可发放培训调查问卷，针对培训制度实施、师资力量、课程设置、考核方法等问题进行全体员工问卷调查，调查结果纳入业绩评估。

三、绩效管理

明年绩效管理有很多质检基础工作要落实。

（一）员工仪容、仪表整治。质检对象为全体员工，公司有严格的标准及细则，从发型、面部、工装、工作牌、鞋袜及至个人卫生等都有严格规定。

（二）工作纪律。参照《×××公司质检标准及细则》严格执行。

（三）员工宿舍管理。该方面一直是公司比较重视的内容，从宿舍卫生、作息时间及安全规定、物品摆放、水电管理、礼貌礼节和纪律等方面严格进行质检，相关奖罚从员工薪酬中直接体现出来。

（四）营业区域。包括楼面和厨房，质检对象为楼面部和出品部员工。每天人力资源部（或组织管理层）进行巡察，每一块营业区域、每一个档口案台都仔细检查，发现问题一律及时公布并处理。

（五）办公区域。包括办公室、仓库等，质检对象为人事、财务、后勤人员。这一部分一直未得到足够重视，希望在明年认真执行下来，办公区域水电管理、卫生及物品摆放也按营业区域那样，标准化管理，并纳入绩效考核。

四、员工关系管理

（一）员工劳动合同及档案

员工劳动合同明年继续保持合法、规范管理，合同文本部分条款再作规范化调整，如加入工资条款等。现有劳动合同是单独存放，分类为在职、离职，明年计划并入人事档案，以人为单位，统一管理。

人事档案明年要查漏补缺，认真梳理。应聘登记表、照片、身份证复印件、劳动合同全部要在案，以人为单位建立档案袋，将其在公司一切人事活动所产生的资料，如变更工资申请表、部门调动表等都并入当中，做到集中存放，资源整合。

离职档案也应具有完整性、可查性、连续性，如有员工离职，及时将其从在职档案中调出，分部门、离职性质等要素存放。

人才储备库档案即来我公司面试，填具了应聘登记表，附上了相关复印件等，但因各种情况未能应聘上该职位或经过考虑最终未办理入职手续的求职者。这一部分档案在明年要规范系统地整理一遍，发现有效资源可及时利用。

为所有纸质档案都相应地建立电子档案。要有科学完备的索引，电子目录要与纸质档案相关联，可互考。这一部分在今年之前是个空白，争取明年建立并利用起来，更有益于档案完整及便于查找。

（二）员工沟通激励及活动

1.员工沟通将是今后工作的重点，建立员工沟通制度，定期进行员工访谈，包括试用期沟通、转正沟通、离职沟通等，设立“优秀员工店长接待日”活动，构成一个员工成长沟通体系，有效改善和提升员工关系管理水平，同时提高员工合理化建议的奖励力度，为公司领导决策提供参考依据。

2.加强员工劳动保护工作，及时跟踪劳动保护用品的落实情况，了解楼面、出品员工的连续作业时间以及劳动强度，规范用工管理。

不断提高员工福利水平，对现有的生日福利等进一步优化，采取灵活多样的形式体现公司对员工的关怀。

3.××企业文化系列活动是一项优良传统，一直开展得较为全面有序。从员工每月评优、员工士气大比拼、大小庆祝活动的节目表演、户外素质拓展，到今年12月引进的晨会激励模式等，这些措施都为宣导企业文化、团结员工作出了有效贡献，值得继续发扬，并且不断改进创新，做得更好。

明年在这个基础上，应员工要求，计划分春秋两季，各安排一次全体员工的户外郊游活动，具体方案再定。

第五部分　结束语

人力资源管理工作任重道远。在新的一年，要把人力资源的各环节日常具体工作做细、做好、做到家，不断地提升专业水准和战略高度，从而推动人力资源战略目标的实现！

三、下一年度招聘计划

招聘是人力资源经理工作的重要基础，做好招聘规划，可以提高招聘效果和质量，利于成本管理，为招聘工作的调整提供基础。表5-5是一份年度招聘计划及费用预算表，仅供参考。

表5-5　年度招聘计划及费用预算表

<table>
<tr><td>招聘目的</td><td colspan="9">通过招聘的开发与管理，为各部门提供招聘工作的流程与依据，建立良好的人才选用机制，满足公司发展对岗位人才的需要</td></tr>
<tr><td rowspan="2">招聘方式</td><td colspan="9">内部招聘：□岗位晋升　□岗位轮换　□内部推荐</td></tr>
<tr><td colspan="9">外部招聘：□网络媒体　□校园招聘　□猎头　□现场招聘会</td></tr>
<tr><td rowspan="2">招聘费用</td><td colspan="2">一季度</td><td colspan="2">二季度</td><td>三季度</td><td colspan="2">四季度</td><td colspan="2">总计</td></tr>
<tr><td colspan="2">小计：(　) 元</td><td colspan="2">小计：(　) 元</td><td>小计：(　)元</td><td colspan="2">小计：(　) 元</td><td colspan="2">(　)元</td></tr>
<tr><td colspan="3">年度公司人员编制定额</td><td colspan="2">(　　　) 人</td><td>目前人员配置额</td><td colspan="4">(　　　) 人</td></tr>
<tr><td colspan="6">年度各部门岗位设置，人员配置规划</td><td colspan="4">招聘实施时间计划</td></tr>
<tr><td>部门名称</td><td>定编人员</td><td>现有人数</td><td>申报人数</td><td>核定人数</td><td>核定招聘岗位职位概要</td><td>一季度</td><td>二季度</td><td>三季度</td><td>四季度</td></tr>
<tr><td></td><td></td><td></td><td></td><td></td><td></td><td></td><td></td><td></td><td></td></tr>
<tr><td></td><td></td><td></td><td></td><td></td><td></td><td></td><td></td><td></td><td></td></tr>
<tr><td></td><td></td><td></td><td></td><td></td><td></td><td></td><td></td><td></td><td></td></tr>
</table>

（一）组成部分

年度招聘规划组成部分，具体如图5-2所示。

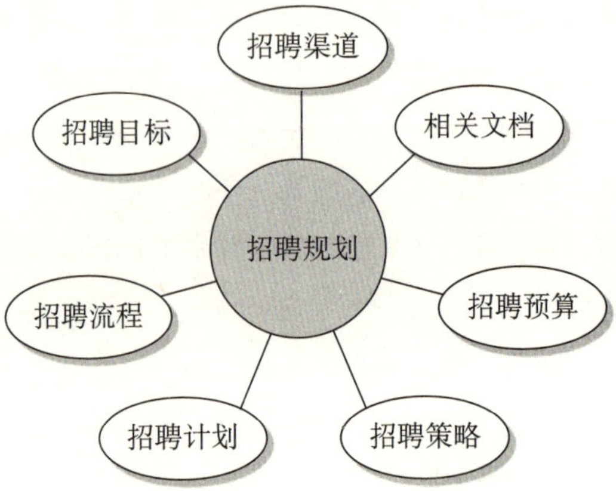

图5-2　年度招聘规划组成部分

1.招聘目标

招聘目标是对年度招聘工作所希望达到的总体效果的描述。如：

通过外部人才的招聘，在明年年底初步为公司配置足够数量的中高层管理人员，确保公司战略的有效落实。

在目标高校招聘20名管理类优秀毕业生，完成公司管理培训生项目需要，为公司未来的领导者储备充足人选。

通过本行业挖掘和相关行业吸引，招聘30个以上高素质的区域经理，加强公司的行业客户销售能力。

2.招聘策略

招聘策略是对招聘工作的原则性指导，基于企业的文化、管理水平、发展阶段提炼。如：

公司招聘主要以本地区人才为主，高层次复合型人才，应积极吸引发达地区先进企业人才，根据需要可以采用谈判工资的方式。

公司对高校毕业生的招聘不限专业，而是通过各种专业方法甄选哪些具备良好学习能力和综合素质的学生。

在招聘时需要综合考虑候选人标准为人品第一，能力第二、经验第三。

3.招聘计划

招聘计划是对招聘的类型、数量、时间、条件要求等内容的明确，如表5-5所示。

【范例18】

某公司招聘计划

专业	学历	性别	人数	要求	工作职责	地点	需求时间
微电子学电子技术	本科	不限	12	（1）具有独立工作能力，工作主动、工作严谨、善于沟通、具有团队精神 （2）有类似岗位科研实习经验者优先 （3）较强英语听、说、读、写能力	负责音响组件生产、测试设备的运行、管理和维护，测试结果的管理和初步分析，与研发团队就测试结果进行沟通，对音响组件进行分类	××	4月前到位8人 9月前全部到位
自动化	本科	不限	10	（1）具有独立工作能力，工作主动、工作严谨、善于沟通、具有团队精神 （2）有类似岗位科研实习经验者优先 （3）较强英语听说读写能力	负责音响生产线自动化控制系统的日常运行、管理和维护	××	8月前

4.招聘渠道

不同的招聘渠道适合不同的目标人群、时间要求、费用支出，人力资源经理需要认真选择。

5.招聘流程

人力资源经理要明确招聘活动实施的步骤、每个步骤的具体工作、参与人员及其角色。

6.招聘预算

招聘预算部分需要说明年度招聘所需的费用支出、用途、构成等。

7.相关文档

招聘工作的顺利实施还需要许多辅助性文档、表格的支持。

（二）需求分析

需求分析主要包括对人才需求、内部供给和人员缺口三个方面，具体如表5-6所示。

表5-6　需求分析

序号	类别	具体内容	备注
1	人才需求	（1）公司发展战略 （2）业务运营目标 （3）业务发展所需人才的数量、结构、质量要求 （4）时间要求	
2	内部供给	（1）公司目前的人员情况（数量、结构、质量） （2）可能的通过晋升、调动等方式进行的人才补充	
3	人员缺口	（1）根据需求和供给，综合分析人员缺口 （2）需要考虑的因素还包括：人员流动率、离退休情况 （3）判断是否：外部招聘还是内部调配？外部招聘还是外包 （4）作出具体招聘需求	

（三）招聘渠道

人力资源经理常用的招聘方式，有校园招聘，媒体广告招聘，现场招聘，猎头公司，企业内部招聘，员工推荐，行业、专业网站论坛，招聘告示，网络招聘等。

（四）相关问题

1.招聘预算

招聘预算费用包括广告、会务、试题、测评、差旅、培训、第三方费用、宣传材料、场地。

2.人员甄选方法

人员甄选方法包括简历面试、无领导小组讨论、人格测评、能力测评、文件框、评价中心、模拟。

3.统一招聘文案设计

招聘文案中的公司介绍、职业发展色彩、版式、招聘要求、薪酬福利、企业文化、常见问题、整体风格等一定要进行统一设计。

以下提供一份公司年度招聘计划书，仅供参考。

【范例19】

公司年度招聘计划书

招聘计划书简介

公司将于2012年开展一系列的招聘计划，其中包括各部门现有人员空缺、离职补缺，新增部门的人员配备，各分公司所需的部门经理、主管、销售人员等的招聘。为了能更有效地完成企业的招聘任务，人力资源部现制订此招聘计划，以预期和指导工作，并通过更多不同的渠道将企业的招聘信息传达到更多的求职者当中去，为企业带来更多的意向求职者。在众多的选择当中，挑选出更适合企业发展前景的人才。

一、招聘的目的及意义

随着企业规模的不断扩大，对人才的需求也是日益增长。本着发扬企业文化，提高企业员工整体素质，获取企业发展所需人才的宗旨，结合公司2011年发展战略及相关计划安排，特制订下一年度招聘计划。

二、招聘原则

公司招聘员工应以用人所长、容人之短、追求业绩、鼓励进步为宗旨；以面向社会，公开招聘、全面考核、择优录用、相关专业优先为原则；从学识、品德、能力、经验、体格、符合岗位要求等方面进行全面审核，确保为企业吸引到合适的人才。

三、上年度招聘回顾及总结

2011年是公司快速发展和成长的1年，公司员工也从60人增加到近200人，如下表所示。

部门	原有人数	2011年新增					试用人数	实习人数
		总人数	大专及以下	大专	本科	硕士及以上		

公司工作人员在过去1年的招聘工作中作出了许多努力和尝试，接下来的工作中我们将继续保持已有的好的招聘方式和渠道，同时积极探索新的招聘方法，全力保证招聘效果。

四、现行发布岗位招聘信息

总结上一年度公司各部门人员配备和空缺的总体情况，经过初步分析统计汇总招聘岗位及信息如下：

岗位/名称	招聘要求	工作地点

以上人员一经录用，公司将提供广阔的发展空间和具有竞争力的福利政策。

五、招聘方案设计

1.现场招聘

每场均安排专人负责招聘信息单发放，保证参会人员知晓招聘信息，对常用有效的人才市场申办会员，以享受优惠及公益招聘会免费参加的机会。

现场招聘会原则上应有1男1女2位面试人员，规模较小的可以只派1人。

由于交通原因，对外地大型招聘会，建议由2人确定后，由公司车辆统一安排部门负责人复试，复试6人以下者自行安排交通。

2.网络招聘

网络招聘，尝试运用视频面试，合格后再邀约公司。网络面试可以结合现场招聘会，安排到统一复试地点面试沟通。网络招聘应尽可能明确岗位要求和岗位职责，以减少简历人工筛选时间和降低因非面对面面试的误差。

3.主要招聘途径

（1）大学的毕业生招聘会（相关对口学校筹备专场招聘会）。

（2）人才市场。

（3）付费的招聘网站上刊登招聘信息（例如：51job、智联等），保证综合性网站1～2家，地方性网站1家，预算费用在500～700元/月左右。

（4）补充招聘途径：社会上组织的一些免费招聘会、网站上刊登免费的招聘信息、员工介绍。

六、招聘实施

1.第一阶段

2月初至4月初，招聘高峰阶段，以现场招聘会为主，高度重视网络招聘，具体方案如下：

（1）积极参加现场招聘会，保持每周2场的现场招聘会参会。

（2）每场招聘会根据规模，原则上安排2人以上负责现场面试，1人以上负责公司介绍及招聘信息单的发放，保证所有参会人员都知晓公司及招聘职位情况。

（3）现场招聘会根据情况，15人以上可以安排专车接送至公司统一复试。

（4）积极参加各人才媒体人才专场和各相关学校的免费招聘会。

（5）联系各学校老师负责推荐和信息告知。

（6）发动公司内部员工介绍。

（7）坚持每天刷新网络招聘信息及简历筛选与联系，每周至少1次以上集体面试邀约。

2.第二阶段

4月中旬至7月，此阶段现场招聘会逐渐冷淡，新增应聘人员较少，同时各高校在陆续开学后将积极筹备校园招聘会，以保证学生就业，因此，这段时间以网络招聘和校园招聘为主，具体方案如下：

（1）坚持每天刷新网络招聘信息及简历筛选与联系，每周至少2次以上集体面试邀约。

（2）积极参与省内部分院校的大型招聘会，联系院校，组织校园招聘会或专场招聘会，每场招聘会将有现场公司介绍、现场初始、现场复试，建议能有1～2位公司高层领导参加，现场复试确定录用结果。

（3）联系前期面试人员进行，招聘信息的转告及代介绍。

3.第三阶段

7月底至10月底，此阶段整体求职人员数量较少且分散，故此段时间，以网络招聘为主，减少或不参加收费型现场招聘会，具体如下：

（1）坚持每天刷新网络招聘信息及简历筛选与联系，每周至少2次以上集体面试邀约。

（2）每周坚持2次以上，网络人才主动搜寻联系，补充少数岗位的空缺及离职补缺。

（3）组织部门架构的了解分析、在岗人员的了解分析。

（4）对当年新入职人员的关注、沟通、培训、统计分析。

（5）准备申报下半年的校园招聘会。

4.第四阶段

11月初至12月底，此阶段各大高校都将陆续举办校园招聘会，此阶段主要以校园招聘会为主，主要招聘各部门的储备性人才，具体如下：

（1）建立校园招聘小组，积极参加各校园综合招聘会，对院校筹备公司单独举办专场招聘会。

（2）网络招聘平台及论坛等信息正常刷新关注。

5.第五阶段

12月底至2012年1月，此阶段，整体招聘环境不理想，主要联系招聘公司高层人才，以年度人力资源规划、总结报告及统计分析为主要工作，非紧急新增岗位，不重点做招聘工作，具体如下：

（1）公司年度招聘效果分析、公司人力资源分析、协助公司战略分析与讨论。

（2）编制年度人力资源规划。

（3）部门工作总结、讨论、分析，沟通确定新年个人工作计划及目标制定。

（4）建立、编制公司人才培养体系，建立人才成长计划。

（5）建立并完善人力资源管理制度、流程及体系。

（6）申报筹备 2012 年年度招聘计划，重点是 2 月招聘计划。

七、公司面试

人力资源部经过初步的简历筛选后会在一个星期内通知应聘者参加考核的第一个环节——面试。

1.公司面试流程公布，原则上所有应聘人员，均需有人力资源部初始合格后，推荐给部门领导安排相关人员进行专业面试，专业面试合格者有人力资源部负责沟通确定试用期及相关薪资福利待遇，重要岗位具有副总经理及以上人员面试，最后确定录用。

2.分公司人员岗位设置配备由各部室申请，公司领导根据实际运营需要批准同意后生效，在不新增、变更岗位名称及配备人员总数的前提下，清洁工人等可以由各分部自行招聘、初始、对合格人员信息报公司人力资源部及相关领导确定后，即可办理入职手续，人力资源部应全力配合各分公司的人员招聘工作。

3.面试要注意前期气氛的铺垫，双方互相介绍。

4.正式面试注意事项（参考问题）

（1）你为什么选择我们公司，你对工作的要求和期望是什么？

（2）之前的学习或工作经历的了解，哪些与所应聘岗位相关联？

（3）你觉得自己适合哪些工作，可以胜任哪些岗位？

（4）公司情况介绍，岗位工作的初步介绍？

（5）了解应聘者的真实想法及离职原因？

5.面试评价。

八、录用决策

企业根据面试的综合结果，将会在最后一轮面试结束当天或3天内告知应聘者结果，并告知录用者办理手续信息。

九、入职培训

1.新人入职必须证件齐全有效。

2.新人入职当天，人力资源部应告知基本日常管理规定。

3.办理好入职手续后，即安排相关培训行程（通常由部门培训），培训计划要求应由各部提出并与人力资源部讨论确定。

4.转正时，人力资源部应严格按培训计划进行审核把关，对培训效果不理想或不能胜任者，可以沟通后延迟转正。

十、招聘效果统计分析

1.人力资源部应及时更新员工花名册，每半年做一次全面的招聘效果统计分析。

2.根据效果分析的结果，调整改进工作。

3.定期对新入职不足1年的员工作沟通了解，并采取相应的管理措施和方法。

四、下一年度培训计划

培训计划年年做，年年计划效果如何。那么如何做好年度培训计划，并获得好的效果？人力资源经理可以从以下几个方面去思考和实践。

（一）培训需求调查

人力资源经理做好培训需求调查，为培训计划提供准确依据。如何做好培训需求的调查呢？具体来说，可以采取以下方法进行：

（1）了解下一年度公司经营目标和业务重点，为企业培训工作设置新的目标，并确定下一年度培训重点。如某公司发现上一年度安全问题凸显，由此确定下一年度培训重点为安全培训。

【范例 20】

安全培训计划和实施方案

为加强我公司安全管理，不断提高职工的安全意识和安全素质，深入贯彻公司“质量、环境、职业安全健康”方针，确保管理体系的高效运转，根据公司政策，制订安全生产培训计划。

培训对象包括企业管理人员和作业人员。培训内容主要涉及安全法规、操作规程及规范、继续教育、特种作业等。

一、培训内容

1.法律法规培训

为进一步加强全员法律意识，定期组织管理人员对新法规及现行法律法规进行培训。

2.新规程及规范培训

为进一步贯彻执行××省安全生产条例，新的安全规程、规范及各项管理规定，以便使各工程的施工按新规程、规范及各项管理规定进行。拟订对在岗的部分专业技术人员进行以新规程、规范为内容的培训。

3.继续教育培训

根据公司发展的需要，对专业技术人员进行知识更新培训。

4.新招大中专毕业生教育

本年度新招大中专毕业生，为了使他们对公司有一个全面的了解，能够尽快达到上岗要求，对学生进行以企业规章制度、安全知识为内容的入场教育培训。

5.特种作业人员培训

根据上级下发文件中“在特殊岗位作业人员必须持证上岗，并定期进行复检”的要求。组织在特种作业岗位工作已到复检期的员工到指定的培训点进行复检培训。复检培训时间根据培训点开课时间而定。

6.特殊工种培训

根据程序文件要求，对本年度所有新的电工、电气焊工进行特殊工种培训，培训安排根据各项目部新开工程而定，培训由人力资源部培训组组织实施。

二、实施措施

员工培训工作是一项综合性的工作，它涉及各部室、各项目部。充分发挥各部室及项目部的作用就可以保证员工培训工作按计划实施，可以对员工培训工作进行综合管理，可以使员工培训工作更紧密与公司生产实际需要相结合。

建立培训、考核与使用相结合的制度：凡上级行政机关要求持证上岗的岗位，未经培训合格不准上岗；对企业提供培训机会未按要求接受培训的员工按公司有关培训管理规定进行处罚。逐步形成人才考核、培养、使用相结合的管理模式。

不断完善和修订员工培训管理规定，加强对员工培训工作进行监控，保证各项培训工作按公司培训制度中的规定进行。

三、要求

各部室、项目部的主管领导要重视员工培训工作，指定专人负责此项工作的日常管理。并根据公司的员工培训计划制订出实施计划，对所在单位的员工培训工作开展情况进行监控。

外送员工参加培训，经主管领导或所属项目经理批准后，报公司审批组织实施。对已经参加培训或培训结束后再办理审批手续的员工视为不符合培训管理规定。

四、教育和培训的时间

（1）企业法人代表、经理每年不少于30学时。

（2）专职管理和技术人员每年不少于40学时。

（3）其他管理和技术人员每年不少于20学时。

（4）特殊工种每年不少于20学时。

（5）其他职工每年不少于15学时。

（6）待、转、换岗重新上岗前，接受一次不少于20学时的培训。

（7）新入职员工的公司、项目、班组三级培训教育时间分别不少于15学时、15学时、20学时。

五、教育和培训的形式与内容

按等级、层次和工作性质分别进行，管理人员的重点是安全意识和安全管理水平，作业人员的重点是遵章守纪、自我保护和提高防范事故的能力。

1.新员工三级安全教育

对新员工或调换工种的员工，必须按规定进行安全教育和技术培训，经考核合格方准上岗。

（1）公司级。

（2）劳动保护的意义和任务的一般教育。

（3）安全生产方针、政策、法律、法规、标准、规范、规程和安全知识。

（4）企业安全规章制度。

2.部门或车间级

（1）员工安全生产技术操作一般规定。

（2）施工现场安全管理规章制度。

（3）安全生产法律和文明生产要素。

（4）在车间或部门基本情况，包括现场环境、施工特点、可能存在不安全因素的危险作业部位及必须遵守的事项。

3.班组级

（1）本人从事施工生产工作的性质、必要时的安全知识、机具设备及安全防护设施的性能和作用。

（2）本工种安全操作规程。

（3）班组安全生产、文明施工基本要求和劳动纪律。

（4）本工种事故安全剖析、易发事故部位及劳动用品的使用要求。

4.特定情况下的实施安全教育

（1）季节性，如冬季、夏季、雨雪天施工。

（2）节假日前、后。

（3）节假日加班或突击赶任务。

（4）工作对象改变。

（5）工种变换。

（6）新工艺、新材料、新技术、新设备施工。

（7）发现事故隐患或发生事故后的应急处理。

六、经常性安全教育

在做好上述培训和教育工作的同时还必须把经常性的安全教育贯穿于施工全过程，并根据接受教育对象的不同特点，采取多层次、多渠道和多种方法进行。

1.安全生产意识宣传教育。

2.普及安全生产知识宣传教育。

3.现场定期的（如每周）安全日活动。

4.班组每天三上岗（上岗交底、上岗检查、上岗记录）和一讲评（安全讲评）活动。

七、培训评价

1.了解熟悉公司的管理方针、目标、质量、安全和环保意识、相关法律、法规、管理体系标准、员工纪律。

2.安全教育和培训要体现全面、全员、全过程的原则，覆盖施工现场的所有人员（包括分包单位），贯穿于从施工准备、工程施工到竣工交付的各个阶段和方面，通过动态控制，确保只有经过安全教育的人员才能上岗。

3.公司培训评价由办公室主任进行评价。

4.办事处培训评价由办事处主管领导进行评价。

5.班组培训评价由办事处主管领导进行评价。

八、安全教育记录清单

1.安全教育记录。

2.班组安全活动讲评记录。

3.安全员、特种作业、操作人员名册（包括证书复印件）。

4.中、小型机械作业人员名册（包括证书复印件）等。

5.安全教育评价记录。

九、拟订培训时间计划

暂时拟订培训时间计划，如下表所示。

暂时拟订培训时间计划

序号	时间	培训内容
1	3月	各部门的全体员工参加安全生产知识培训，主要培训内容包括《安全生产法》、《安全生产管理条例》等相关法律法规。培训结束后所有人员考核必须全部合格。培训考核记录做好归档工作并记入个人信息系统
2	5月	企业安全负责人、项目负责人、专职安全生产管理人员组织参加安全生产管理培训，主要培训企业安全管理人员所具备的法律法规知识，安全生产知识，考核要求为合格
3	7月	公司主要负责人参加举办的三类人员安全考核培训
4	8月	安排公司特种作业人员进行特殊工种培训，做到持证上岗
5	10月	公司安全员继续教育、考核，学习新规程、新规范

（2）收集本年度公司各部门或岗位工作中出现或存在的重点问题。如可以通过年度绩效考核，将其中发现问题进行统计，如果需要从培训方面来加以改善，则

可以运用。

通过年度绩效考核，我发现需要从以下几个方面进行重点培训：

1.______________________________

2.______________________________

3.______________________________

4.______________________________

……______________________________

（3）对公司高层领导进行访谈，了解公司高层对企业发展和员工素质的要求，并作为培训计划制订的依据。

（4）收集一年来公司高层对内对外的一些重要讲话和公司有关战略目标和经营计划的资料，为培训工作确定目标提供依据。

（5）设计培训需求调查表，在员工中进行培训需求调查。以下是某公司的培训需求调查问卷，仅供参考。

【范例 21】

员工培训需求调查问卷

"培训是员工最大的福利"，公司能够给予员工的不仅仅是一个薪酬待遇，而是能够给予一种职业技能与职业精神的培养，一种文化与道德的熏陶。

为更好地开展2012年的培训工作，加强公司的培训与人才开发及个人职业规划力度，请您根据实际情况配合我们完成此项调查问卷。

这对您自己是非常有意义的。我们将在了解全体员工培训需求的基础上制定培训方案。

请在您的选项上钩选"√"即可。

<table>
<tr><td>姓名</td><td></td><td>部门</td><td></td></tr>
<tr><td>职务名称</td><td></td><td>入职日期</td><td></td></tr>
<tr><td colspan="4">关于通用技能的培训，您认为哪种师资更有效：
□公司各部门经理 □公司内部培训师 □专业培训机构讲师
□社会成功人士 □观看培训影音教材/录像 □其他</td></tr>
<tr><td colspan="4">您希望的培训地点：
□工作现场 □公司培训教室 □专业培训基地
□公司外（如宾馆）培训 □其他</td></tr>
<tr><td colspan="4">您认为培训频率多久一次比较合适：
□一周 □两周 □一月 □一季 □其他</td></tr>
<tr><td colspan="4">您乐意接受的培训方法：
□讲授法 □讨论法 □情景模拟 □野外拓展
□声像视听 □实地参观 □其他</td></tr>
<tr><td colspan="4">您对以往培训工作的看法：□满意 □较满意 □一般 □差
原因与建议：
培训后您的个人技能、工作技巧或生产绩效、团队精神是否显现：
□明显提升 □稍有提升 □不明显 □基本无效</td></tr>
<tr><td colspan="4">您的职业生涯规划（目标可以是掌握某种技能、承担某种职责、担任某种职务、达到多少年收入等）
★近期目标：
★中期目标：
★远期目标：</td></tr>
<tr><td colspan="4">清醒的认识到自己的现有能力及目标能力之间的差距，有利于您在以后的工作和生活中有针对性地进行学习，以弥补自己的能力差距，以尽早达到自己的目标。请客观分析自己的能力差距（能力差距=目标能力-现有能力）。
★与近期目标的差距：
★与中期目标的差距：
★与远期目标的差距：</td></tr>
</table>

续表

<table>
<tr><td colspan="2">您认为在个人职业生涯规划中公司应起到的作用为：</td></tr>
<tr><td colspan="2">请将该调查问卷没有列出的，但您认为有必要写明的内容写在下面（包括对人力资源工作的其他方面的建议：招聘、绩效考核、薪酬福利、职业规划等）：</td></tr>
<tr><td>注意事项</td><td>（1）填写人应保证填写内容真实、客观，该问卷将作为个人培训需求及职业规划的重要依据
（2）附页列举了一些培训课程内容，请您根据自己的情况参考选择自己需要的培训内容并填写在“培训需求调查表”上
（3）该调查问卷以部门为单位，在6月4日前交回</td></tr>
</table>

（三）常见实施问题

一般来说，每年制订的下一年度培训计划，在实施时会有一些变化，如培训内容增加或减少，讲师和具体时间的变化，费用的增加等。因此，在培训计划实施时应该注意以下几个问题：

（1）根据公司战略发展和经营目标以及业务和流程的变化及时调整培训计划，以适应公司发展的需要。

（2）计划实施时，具体培训课程的推出，做好宣传推广工作，以吸引更多的员工积极参与到培训活动中来。人力资源经理要根据公司实际情况，制定培训课程。以下是某公司培训课程，仅供参考。

【范例22】

公司培训课程

1.通用技能类

□商务礼仪 □时间管理 □项目管理 □压力与情绪管理 □沟通技巧

□其他课程，请说明______

2.专业知识类

□行业标准 □专利知识 □工艺知识 □实验操作

□其他课程，请说明______

3.人力资源类

□有效招聘 □结构化面试技巧 □岗位分析 □绩效管理 □员工关系管理

□其他课程，请说明______

4.财务计划类

□财务分析 □企业现金流管理与控制 □企业成本核算设计、控制分析与削减

□财务报表分析与分析报告编写 □最新财税法规解析 □合理避税技巧

□其他课程，请说明______

5.采购营销类

□供应商开发、管理与评估 □物流与供应链管理

□高效物料管理与库存控制 □谈判技巧 □有效的销售技巧

□其他课程，请说明______

6.生产管理类

□精益生产管理 □目视化管理 □品质管理 □交货期管理 □5S管理

□其他课程，请说明______

7.生产现场类

□生产操作规程 □设备操作规程 □车间安全防护知识 □车间物料性质

□其他课程，请说明______

8.管理技能类

□卓越领导魅力 □优秀主管的必备技能 □企业文化建设 □团队建设

□企业内部培训师 □其他课程，请说明______

9.资格认证项目

□助理/人力资源管理师　□会计师/注册会计师　□现代物流师　□报关员

□外贸单证员　□报检员　□外销员　□ISO内审员　□职业秘书

□其他课程，请说明________

10.语言发展项目

□英文写作　□英语口语　□商务英语　□日语写作　□日语口语

□其他课程，请说明________

人力资源经理可以根据管理层和基层员工进行针对性培训，表5-7是某公司管理层和基层员工培训计划，仅供参考。

表5-7　中层管理者培训计划表

序号	培训内容	课程概述	培训目的	培训时间	备注
1	现代企业领导艺术	领导行为与管理行为的辩证关系；领导者的素质；成功企业及其领导人的经验；方阵游戏；案例分析	有效提升公司中层管理者的领导力	2012.3	
2	企业风险与危机管理	企业家如何看待风险和危机；企业全面风险管理的基本理念；建立企业全面风险管理体系；风险管理的有效性测试；企业全面风险管理实务操作	帮助中层管理者树立风险与危机管理意识，提升风险防范与危机化解的能力	2012.4	
3	创造一个学习型组织	为什么要成为学习型组织；怎样才能成为一个学习型组织；组织承担的学习责任；个人承担的学习责任	提升中层管理者创建学习型组织的能力，促进公司形成学习创新的良好氛围	2012.6	

续表

序号	培训内容	课程概述	培训目的	培训时间	备注
4	企业教练——如何辅导劝导与训练下属	企业教练的意义和作用；成为优秀的企业教练；企业教练模式；被训练者的学习	中层管理者认识作为企业管理者的角色定位，掌握作为团队领导者必需的指导、辅导和训练下属的技能	2012.8	
5	高效管理者成功要素	积极主动、以终为始、要事第一、双赢思维、知彼知己——同理心沟通、协作增效、不断更新	帮助公司中层管理者培养高效管理者所需能力	2012.10	

表5-8　基层员工培训计划表

序号	培训内容	课程概述	培训目的	培训时间	备注
1	卓越执行力——提高企业核心竞争力	企业组织体系与执行力；企业制度体系与执行力；企业文化体系与执行力；企业领导权威与执行力；如何有效提升我们自身的执行能力	通过培训，帮助员工了解执行力的相关知识，掌握改善执行力的方法，进而提升公司基层员工的执行力	2012.3	
2	思维创新解决问题	创新思维的意义和方向；创新思维问题解决的步骤、方法和工具；团队合作创新思维解决问题	使学员掌握在解决问题的不同阶段使用不同的思维创新和决策工具，在实际工作中、解决问题中能做到平衡	2012.5	
3	有效的沟通	沟通的基本概念；沟通风格；聆听技巧与特点；沟通障碍与策略	帮助员工掌握沟通技巧，进一步改善公司各岗位、各部门工作间的配合与协调	2012.7	

续表

序号	培训内容	课程概述	培训目的	培训时间	备注
4	组织变动与舒缓压力	辨识压力；压力的来源；工作压力的四个主要诱因；心理压力带来的影响；区分良性压力与负面压力；有效沟通缓解人际压力；心理调节提高情商能力；用积极的心态造就成功人生	帮助公司基层员工辨识压力的征兆与症状、掌握压力的干预和应对策略、消除产生压力的负面思想，进而通过良好的心理疏导和训练，轻松面对压力和挑战，有效地平衡工作和生活	2012.8	
5	专业形象与商务礼仪	专业人士的装束礼仪与形象设计；专业人士的商务礼仪；商业人士的社交礼仪	帮助员工塑造专业形象，掌握商务礼仪，提升公司的整体形象，促进公司业务的有效开展	2012.10	

(3) 每次开课前，与讲师进行充分的沟通和交流，尤其是外部聘请的讲师，更不可忽视。

(4) 每完成的一个培训课程，要及时进行效果评估，并把评估结果告知所有受训者及相关人员。对新推出的培训课程加以完善，以提高员工对培训效果的满意度。以下是某公司的培训评估表，仅供参考。

表5-9 培训评估表

<table>
<tr><td colspan="4">公司培训评估表</td></tr>
<tr><td>姓名</td><td></td><td>培训内容</td><td></td></tr>
<tr><td>日期</td><td></td><td>培训讲师</td><td></td></tr>
<tr><td colspan="4">请用ABCDE来评价以下各方面内容，其中A为最高</td></tr>
<tr><td colspan="3">1.培训讲师的知识丰富</td><td></td></tr>
<tr><td colspan="3">2.培训内容易于理解</td><td></td></tr>
<tr><td colspan="3">3.培训环境舒适</td><td></td></tr>
<tr><td colspan="3">4.培训讲师教学材料有效，紧跟时代</td><td></td></tr>
</table>

续表

5.培训讲师吸引学生注意力的能力	
6.培训讲师能对学生问题快速准确作出反应	
7.对培训讲师的总体印象	
8.课程的长短设置合理	
9.培训内容对于工作的帮助	
请针对以下问题简述	
1.您认为在此培训中，给您留下印象最深的内容是什么？	
2.您觉得此次培训内容是否符合您的期望，如果要加入些，您会希望更多了解什么？	
3.您对此次培训总体上有何意见和建议？	

（5）每年培训计划完成后，对优秀受训者、培训师进行评比和表彰，对积极参与培训活动的部门进行优秀团队的评比，以倡导全体员工参与培训，提升自我的学习风气。

（三）冲突应对

在企业员工培训的实践中，经常会遇到培训计划赶不上公司经营变化的情况。人力资源经理应该对公司经营管理的变化或变革具有高度的敏感性，以使培训工作与公司的经营发展同步。

工作提示

如果遇到公司新的重大政策或制度出台，应及时调整培训计划，把公司新的重大政策或制度向员工进行宣贯，以达到统一思想，统一行动，促使公司新政策或制度顺利实施。

（四）计划之前总结

在制订新年度培训计划之前，应对本年度培训计划的实施进行认真的总结，分析在实施过程中出现的问题以及存在的不足，为新一年度的培训计划制订提供更加准确的信息。

工作提示

培训计划制订后，最好召集相关部门或员工对计划进行评估，以取得大家的认可，在下一年度实施起来更加顺利和有效。

五、人力资源规划

人力资源规划是企业管理的重要组成部分，是各项具体人力资源管理活动的起点与依据。因此，人力资源经理要做好下一年人力资源规划。

（一）人力资源需求评估

人力资源经理在进行人力资源需求评估时，可以制定一个评估表，如表5-10所示。

表5-10　人力资源净需求评估表

<table>
<tr><th colspan="2">人员状况</th><th>第一年</th><th>第二年</th><th>第三年</th><th>……</th></tr>
<tr><td rowspan="11">需求</td><td>1.年初人力资源需求量</td><td></td><td></td><td></td><td></td></tr>
<tr><td>2.预测年内需求之增加</td><td></td><td></td><td></td><td></td></tr>
<tr><td>3.年末总需求</td><td></td><td></td><td></td><td></td></tr>
<tr><td>4.年初拥有人数</td><td></td><td></td><td></td><td></td></tr>
<tr><td>5.招聘人数</td><td></td><td></td><td></td><td></td></tr>
<tr><td>6.人员损耗</td><td></td><td></td><td></td><td></td></tr>
<tr><td>其中：退休</td><td></td><td></td><td></td><td></td></tr>
<tr><td>调出或升迁</td><td></td><td></td><td></td><td></td></tr>
<tr><td>辞职</td><td></td><td></td><td></td><td></td></tr>
<tr><td>辞退或其他</td><td></td><td></td><td></td><td></td></tr>
<tr><td>7.年底拥有人数</td><td></td><td></td><td></td><td></td></tr>
</table>

续表

人员状况		第一年	第二年	第三年	……
净需求	8.不足或有余				
	9.新进人员损耗总计				
	10.该年人力资源净需求				

（二）按类型划分

对于公司人力资源需求，人力资源经理可以按照类别进行划分，从而确定不同类型需要人员，如表5-11所示。

表5-11　按类别的人力资源净需求

人员类别（按职务分）	现有人员	计划人员	余缺	预期人员的损失							本期人力资源净需求
				调职	升迁	辞职	退休	辞退	其他	合计	
高层管理者											
中层管理者											
部门主管											
一般员工											
……											
合计											

（三）制定人力资源规划表

人力资源经理对人力资源需求进行分析之后，可以制作一份人力资源规划表，如表5-12所示。

表5-12　人力资源规划表

序号		第一年	第二年	第三年	……	备注
1	×××行业增长预测					
2	公司年业务收入					
3	公司利润率预测					
4	员工总人数计划					

续表

序号		第一年	第二年	第三年	……	备注
5	各职位人数计划 • 高层领导 • 部门经理 • 部门主管 • 员工					
6	各部门人数计划 • 总经理办公室 • 行政办公室					
6	• 信息资源部 • 计划财务部 • 人力资源部 • 预算合同部 • 材料设备部 • 开发部 • 工程管理部 • 资金管理中心 其他					

六、帮助员工进行职业规划

许多员工对于个人的职业生涯规划都没有明确定位，如果人力资源经理可以配合员工的学习，支持参加各种培训和学习，如提供资金和时间，比发奖金更有价值，非常有利于企业长久健康发展。

（一）定制目标

人力资源经理要为员工定制目标，其中分为短期、中期和长期三种。量身定做，因为每一个员工的素质、工作表现、期望不一样，所能达到的目标也不一样。根据员工不同情况，设置在不同阶段的不同目标。

（二）做好职业生涯规划

人力资源经理要帮助员工设立职业规划意识，并知道如何去规划。

（1）先让员工自己做职业规划，员工自己做出来得更符合员工的期望和向往，这种发自内心的期待更具有行动的动力。

工作提示

员工自己作出的职业规划不一定完全符合实际。要在员工自己作出的职业生涯规划的基础上，帮助员工调整和重新规划。

（2）结合员工个人素质、特长、爱好、技能、工作表现甚至人生观、价值观来为员工制定职业规划，考虑到现实因素，更具可操作性。

（3）职业生涯规划不是一成不变的，要根据不同的时期和员工的发展的不同阶段，以及情况的变化进行调整。

（4）对员工的期望进行引导但不能强制，得到员工深层认同的职业规划才能更激起员工行动的动力。表 5-13、表 5-14 是某公司员工职业生涯规划的相关表，仅供参考。

表5-13　员工职业生涯规划表

公司：　　　　　　　　　　　　　　　　　　NO.

<table>
<tr><td>姓名</td><td></td><td>性别</td><td></td><td>婚否</td><td></td><td>出生年月</td><td></td></tr>
<tr><td>健康状况</td><td></td><td>家庭住址</td><td colspan="5"></td></tr>
<tr><td>到岗日期</td><td></td><td>现任职务</td><td colspan="2"></td><td>联系电话</td><td colspan="2"></td></tr>
<tr><td rowspan="3">教育情况</td><td>类别</td><td>学位</td><td colspan="2">学校</td><td>毕业日期</td><td colspan="2">主修科目</td></tr>
<tr><td></td><td></td><td colspan="2"></td><td></td><td colspan="2"></td></tr>
<tr><td></td><td></td><td colspan="2"></td><td></td><td colspan="2"></td></tr>
<tr><td rowspan="2">技能</td><td colspan="4">技能（职称）种类</td><td colspan="3">证书</td></tr>
<tr><td colspan="4"></td><td colspan="3"></td></tr>
<tr><td rowspan="2">培训情况</td><td colspan="2">培训主题</td><td colspan="2">培训机构</td><td>培训时间</td><td colspan="2">取得证书</td></tr>
<tr><td colspan="2"></td><td colspan="2"></td><td></td><td colspan="2"></td></tr>
</table>

续表

工作愿望	你是否愿意担任其他岗位的工作	愿意	不愿意
	你是否愿意调任其他部门工作	愿意	不愿意
	你是否愿意到异地工作	愿意	不愿意
	如果可能，你愿意做哪一种工作	市场业务	
你认为以自己目前的能力可以胜任或尝试哪一种类型及哪一种职务的工作			
如果有机会提升，你认为自己哪一方面还需要得到进一步的培训和加强			

填表说明：

1.表达准确，字迹工整。

2.“NO.”本人不填写。

3.为充分表述个人情况，填表人可自附资料进行详尽说明。

表5-14　员工自我职业生涯规划表

（一）自我评估

职业规划自测结果		
自我探索	性格	
	兴趣爱好特长	
	情绪情感状况	
	意志力状况	
	已具备经验	
	已具备能力	
	所学专业及主要课程	
	现有外语、计算机水平	

续表

<table>
<tr><td rowspan="11">社会中的自我评估</td><td rowspan="6">对你人生发展影响最大的人</td><td>称谓</td><td>姓名</td><td>单位、职业、职务</td></tr>
<tr><td>父亲</td><td></td><td></td></tr>
<tr><td>母亲</td><td></td><td></td></tr>
<tr><td></td><td></td><td></td></tr>
<tr><td></td><td></td><td></td></tr>
<tr><td></td><td></td><td></td></tr>
<tr><td rowspan="5">他人对你的看法与期望</td><td>父母</td><td></td><td></td></tr>
<tr><td>亲戚、朋友</td><td></td><td></td></tr>
<tr><td>老师</td><td></td><td></td></tr>
<tr><td>同学</td><td></td><td></td></tr>
</table>

（二）环境与职业评估

<table>
<tr><td colspan="2">人际关系分析</td><td></td></tr>
<tr><td rowspan="2">环境对你成才的影响</td><td>学校</td><td></td></tr>
<tr><td>学院</td><td></td></tr>
<tr><td rowspan="5">描述参加体验职业状况</td><td>人才供需状况与就业形势分析</td><td></td></tr>
<tr><td>人才素质要求</td><td></td></tr>
<tr><td>人格特质要求</td><td></td></tr>
<tr><td>知识的要求及学校中的哪些课程对从事该项职业有帮助</td><td></td></tr>
<tr><td>能力要求</td><td></td></tr>
</table>

续表

<table>
<tr><td rowspan="8">描述参加体验职业状况</td><td>技能训练要求</td><td></td></tr>
<tr><td>资格证书要求</td><td></td></tr>
<tr><td>每天工作状况（即工作内容、工作伙伴及感受）</td><td></td></tr>
<tr><td>该岗位收入状况</td><td></td></tr>
<tr><td>该行业人士对所从事工作有何满意及不满意之处</td><td></td></tr>
<tr><td>该职业发展前景</td><td></td></tr>
<tr><td>建议公司增设哪些培训</td><td></td></tr>
<tr><td>其他</td><td></td></tr>
</table>

（三）确立初步目标

<table>
<tr><td rowspan="4">描述初步职业理想</td><td>职业类型</td><td></td><td>职业名称</td><td></td><td>具体岗位</td><td></td></tr>
<tr><td>职业地域</td><td></td><td>工作环境</td><td></td><td>工作时间</td><td></td></tr>
<tr><td>工作性质</td><td></td><td>工作待遇</td><td></td><td>工作伙伴</td><td></td></tr>
<tr><td colspan="6">职业发展期望</td></tr>
<tr><td rowspan="4">目标SWOT分析</td><td>实现目标优势</td><td colspan="5"></td></tr>
<tr><td>实现目标弱点</td><td colspan="5"></td></tr>
<tr><td>实现目标机会</td><td colspan="5"></td></tr>
<tr><td>实现目标障碍</td><td colspan="5"></td></tr>
</table>

（四）职业生涯策略

<table>
<tr><td colspan="2">步骤</td><td>目标分解</td><td>提高途径和措施</td><td>完成标准</td></tr>
<tr><td rowspan="16">人生总体职业生涯规划表</td><td>人生总体目标</td><td></td><td></td><td></td></tr>
<tr><td>20岁前</td><td></td><td></td><td></td></tr>
<tr><td>20岁时</td><td></td><td></td><td></td></tr>
<tr><td>21岁时</td><td></td><td></td><td></td></tr>
<tr><td>22岁时</td><td></td><td></td><td></td></tr>
<tr><td>23岁时</td><td></td><td></td><td></td></tr>
<tr><td>24岁时</td><td></td><td></td><td></td></tr>
<tr><td>25岁时</td><td></td><td></td><td></td></tr>
<tr><td>30岁前</td><td></td><td></td><td></td></tr>
<tr><td>35岁前</td><td></td><td></td><td></td></tr>
<tr><td>40岁前</td><td></td><td></td><td></td></tr>
<tr><td>45岁前</td><td></td><td></td><td></td></tr>
<tr><td>50岁前</td><td></td><td></td><td></td></tr>
<tr><td>55岁前</td><td></td><td></td><td></td></tr>
<tr><td>60岁前</td><td></td><td></td><td></td></tr>
<tr><td>60岁以后</td><td></td><td></td><td></td></tr>
<tr><td colspan="2">总结</td><td></td><td></td><td></td></tr>
</table>

（五）生涯评估与反馈

<table>
<tr><td rowspan="5">自我评估</td><td rowspan="2">测评</td><td>学习能力</td><td>良好</td><td>身体素质状况</td><td>良好</td></tr>
<tr><td>发展性素质测评</td><td colspan="3"></td></tr>
<tr><td>获奖</td><td colspan="4"></td></tr>
<tr><td>自我规划落实情况</td><td colspan="4"></td></tr>
<tr><td>经验与教训</td><td colspan="4"></td></tr>
</table>

续表

同事评价与建议	
同学、朋友评价与建议	
部门领导评价与建议	
成才外因评估	
职业目标修正	
规划步骤、途径及完成标准修正	

（三）多层次考评

进行绩效考核和星级评定的时候为员工设立多层次的考评机制。为员工提供更多层级的评定，可保证员工在任何时候都有前进的动力。

七、优秀员工评选并嘉奖

（一）制定评选标准

当然，实际情况不一，所以评选标准也会有差异，要确定优秀员工比例。以下是某公司人力资源经理制定的年度优秀员工评选标准，仅供参考。

【范例 23】

年度优秀员工评选标准

为了提高员工的积极性、提高员工的工作效率，除了对员工在工作中表现突出的给予奖励外，还要加强员工的积极性和竞争意识。

一、年度优秀员工评比标准

1.两次以上年度最佳员工。

2.保持积极的工作态度，对公司有忠诚度及奉献精神。

3.宿舍生活表现一贯良好，无不良嗜好。

4.全年无警告以上惩处。

5.对本职工作积极主动，认真热心，成绩显著并得到各部门所有领导一致认可。

二、奖励标准

1.年度优秀员工将进行实物奖励或现金奖励。

2.优秀员工名单将予以公布。

三、评选流程

由各部门负责人于每年年底12月15日将年度优秀员工名单提报至总经理处审批，经理对该员工进行综合观察，如符合公司年度优秀员工标准的，由总经理对该员工进行实物奖励或现金奖励，并于公告栏上公布。

员工绩效考核表

部门：　　　　　　　职能：　　　　　　　姓名：

评选项目	考核标准	考核总分	评分细节	得分
生产效率	适应其岗位工作，并能在要求工作时间内完成基本工作定量	30	很高：12分；较高：9分；一般：6分；较低：3分；很低：0分	
生产质量	生产产品在制程检验过程中合格率100%，终检合格率90%以上	20	很好：8分；较好：6分；一般：4分；较差：2分；很差：0分	
岗位技能	对岗位熟练程度增加30%，掌握一种新技能	10	很好：4分；较好：3分；一般：2分；较差：1分；很差：0分	
思想品德	正直、善良、正义感。敢于同不良现象作斗争	10	很好：4分；较好：3分；一般：2分；较差：1分；很差：0分	

续表

评选项目	考核标准	考核总分	评分细节	得分
团队精神	团结同事、乐于助人，能积极配合完成工作	10	很高：4分；较高：3分；一般：2分；较低：1分；很低：0分	
遵守纪律	厂规厂纪及组装部规章制度违反为零	10	很好：4分；较好：3分；一般：2分；较差：1分；很差：0分	
敬业精神	在遇到急、难、重工作时表现积极，勇于为公司分忧，积极配合公司的工作安排	10	很高：4分；较高：3分；一般：2分；较低：1分；很低：0分	

通过范例，你也可以制定符合自己公司情况的年度优秀员工评选标准。

（二）优秀员工统计

人力资源经理可以安排人员将年度优秀员工资料进行统计，如表5-15所示。

表5-15　年度优秀员工统计

序号	员工姓名	员工岗位	所属部门	奖励方式

（三）奖励

奖励方式可以参照月度优秀员工相关内容，此处不再赘述。

管理心得

管理心得，其实是人力资源经理对自己个人工作的总结。可以是对某一个事件的看法，也可以是某一工作的实施计划；可以是成功的经验，也可以是失败的教训。

我的年度管理心得

通过这一年工作，我最大的收获是：
通过这一年工作，我吸取最大的教训是：

参考文献

[1] 洪荣昭.人力资源发展企业教育训练完全手册.台北：五南图书出版股份有限公司，2002.

[2] 齐善鸿.新人力资源管理原理.深圳：海天出版社，1999.

[3] 宝利嘉.如何评估和考核员工绩效.北京：中国经济出版社，2002.

[4] 滕宝红，刘珍.新活力——新进员工内训手册.广州：广东经济出版社，2004.

[5] 吴志明.员工招聘与选拔实务手册.北京：机械工业出版社，2002.

[6] 国际人力资源管理研究院编委会.人力资源经理胜任素质模型.北京：机械工业出版社，2005.

[7] 张德.人力资源的开发与管理.北京：清华大学出版社，1996.

[8] 张一弛.人力资源管理教程.北京：北京大学出版社，1999.

[9] 杨倩.员工招聘.西安：西安交通大学出版社，2006.

[10] 王燕.培训管理入门.广州：广东经济出版社，2006.

[11] 孙宗虎，王瑞永.人力资源管理流程设计与工作标准.北京：人民邮电出版社，2006.

[12] 董克用，叶向峰.人力资源管理概论.北京：中国人民大学出版社，2003.

[13] 孟庆伟.人力资源管理通用工具.北京：清华大学出版社，2007.

[14] 郑晓明.人力资源管理导论.北京：机械工业出版社，2005.

[15] 钱斌，刘德妍.人力资源管理理论与实务.上海：华东师范大学出版社，2006.

[16] 吴振兴.人事经理工作手册.哈尔滨：哈尔滨出版社，2006.

成功经理人工作手册（1～12册）

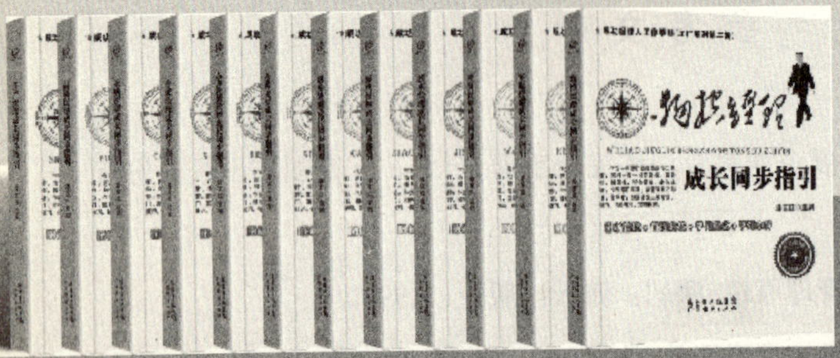

◆生产经理成长同步指引
◆品质经理成长同步指引
◆采购经理成长同步指引
◆行政经理成长同步指引
◆人力资源经理成长同步指引
◆仓库主管成长同步指引
◆物控经理成长同步指引
◆财务经理成长同步指引
◆外贸经理成长同步指引
◆销售经理成长同步指引
◆客服经理成长同步指引
◆技术经理成长同步指引

“成功经理人工作手册”涵盖十二个部门经理岗位：人力资源经理、采购经理、生产经理、行政经理、品质经理、仓库主管、财务经理、销售经理、技术经理、物控经理、外贸经理、客服经理。

“成功经理人工作手册”丛书适用于工厂一线管理人员，企业部门经理、主管、班组长，新入职的大中专学生，管理培训机构，职业管理院校的学生等阅读，也可作为管理人员的手边工具书使用。

成功经理人365天管理笔记（1～12册）

“成功经理人365天管理笔记”采用“一日管理＋一周管理＋一月管理＋季度管理＋全年管理”编写风格，图文并茂、形式活泼。内容阅读采用PDCA循环法，通过时间安排、工作重点、管理方法、管理心得四个部分为一个完整循环的学习方式进行导读。

作为一本部门经理的学习管理笔记，通过每天有计划的时间安排，记录工作中的琐事，通过找方法，一步一步解决问题，再把自己想做的事情、计划做的事情、没有解决的问题记录下来，去寻找解决的办法，定期检视，使自己成为一名成功的经理人。

◆生产经理365天管理笔记
◆品质经理365天管理笔记
◆采购经理365天管理笔记
◆行政经理365天管理笔记
◆人力资源经理365天管理笔记
◆仓库主管365天管理笔记
◆安全主任365天管理笔记
◆客服经理365天管理笔记
◆销售经理365天管理笔记
◆财务经理365天管理笔记
◆物控经理365天管理笔记
◆班组长365天管理笔记